臺海財經風雲

大陸駐臺記者
對台灣經濟及社會現況的
第一手觀察報告

蘭文——著

崧燁文化

目錄

自　序

推薦序一

推薦序二

推薦序三

書評一　敏銳觀察，見解獨到

書評二　深入，細膩，鋒利

第一部分　ONE PART　宏觀驅動

第一章　上海自由貿易區與臺灣自由經濟示範區推開「自由」之窗
　　自由之緣起：美國主導全球「市場紅利」-------------------------- 29
　　自由之意涵：從政策開放到制度開放 -------------------------- 31
　　自由之轉機：兩岸競合中找到產業互補優勢 -------------------------- 36

第二章　一波三折的臺經濟特區之路
　　四次特區實踐，兩次經濟飛躍 -------------------------- 39
　　「自由」尺度，拿捏頗費思量 -------------------------- 41
　　全球夢想，從示範區到自貿島 -------------------------- 42
　　擁抱陸資，成為大陸對外門戶 -------------------------- 43

第三章　「金」鑰匙開啟海峽西岸經濟區對接臺灣之門
　　廈金航線邊緣化，金門很憂心 -------------------------- 47
　　廈金感情深，合作可期待 -------------------------- 49
　　從廈金生活圈到廈漳泉金同城化 -------------------------- 50
　　從廈金自由貿易區到兩岸共同市場 -------------------------- 51
　　更遠的期待：從自由貿易區到政治特區 -------------------------- 52

第四章　ECFA 對臺紅利：一扇門、一座橋、一條路

之一：打開大陸市場的一扇門 53
　　早收清單：最直接紅利 54
　　服貿協議：利好中小臺商 54
　　零關稅：好處「最大條」 55
之二：連接全球貿易的一座橋 55
　　區域經濟一體化大勢所趨 56
　　臺灣突破被邊緣化的關鍵 57
　　ECFA 搭橋，從兩岸通向世界 57
之三：深耕臺灣產業的一條路 58
　　臺商回流，產業轉型與升級 58
　　外商結盟，助推臺灣產業升級 59
　　貿易自由化，改善產業結構 60

第五章　後 ECFA 時代，海峽西岸經濟區怎樣耕種「試驗田」？

再創對臺先行的政策優勢 61
「試驗田」要與 ECFA 連接起來 62
局部自由經濟區的猜想 63
強化兩岸金融合作試驗區 63
兩岸資本投資一視同仁 64

第六章　臺灣經濟「大悶鍋」

感受篇 67
　　基層沒享受到兩岸和平紅利 67
　　民間投資、消費信心萎縮 69
　　經濟猶如航船迷失了方向 69
解碼篇 70
　　關鍵詞 1：經濟低成長 70
　　關鍵詞 2：失業節節高 71

關鍵詞 3：薪資「凍漲」 71

　　關鍵詞 4：房價炒高 71

　　關鍵詞 5：被邊緣化 72

　　關鍵詞 6：產業空洞化 73

第七章　「民主化陷阱」造成臺灣經濟困境

　　陷阱一：只要環保，不要產業 75

　　陷阱二：只要福利，不要交稅 76

　　陷阱三：只要政治，不要經濟 77

第八章　臺灣競爭力提升之道

　　為何排名滑落 4 位？
　　就像學生考試，分數時高時低 79

　　四大指標能否反映實際？
　　變數多，且一直在變動中 80

　　臺灣競爭力優於韓國？
　　不排除指標因素與品牌因素 80

　　全球、東亞經濟格局發生變化
　　臺灣經濟角色需再定位 81

　　附：近年臺灣競爭力全球排名 82

第二部分　TWO PART　投資衝動

第九章　陸資赴臺，摸著石頭過河

　　4 年半臺灣核准陸資 8 億多美元 85

　　投保協議「促進」大項目 86

　　策略性聯盟意圖明顯 87

　　閩企引領陸資赴臺潮流 88

第十章　陸企舞劍寶島，「沛公」何在？

　　到臺灣賺取觀光財 89

　　去臺灣取經，著眼大陸 90

5

把臺灣當跳板，通向世界 91
取長補短，延伸產業鏈 92

第十一章　「MIT 小鞋」裹足，陸資行路難

正面表列就是正面歧視 95
敏感身分與敏感項目禁止投資 96
投資公共建設「四原則」 97
相關配套滯後，「小門」未開 98

第十二章　破除「安全」魔咒，陸資邁大步

癥結在於「安全」恐懼 101
「對臺灣有利」之辯 102
綠營喜歡貼「政治標籤」 103
應當實質性開放陸資 104

第十三章　大陸人要去臺灣炒房？

幾度漲跌，幾家歡樂幾家愁
臺灣第四波房市熱持續延燒 105
陸客購物、陸企辦公、陸資搶入
島內商用地產交易火熱價格飆升 107
想炒住房？「345」緊箍咒套著！
大陸民眾入臺買房十年不足百套 108
臺北「一級戰區」住房供不應求
民眾擔心大陸財團整片買下 110

第十四章　臺商經第三地登陸，增還是減？

大陸臺資半壁江山是間接投資 113
特殊歷史條件的「特殊產物」 114
保護「轉投資」是歷史突破 114
主動經第三地策略性投資或增加 115

第十五章　臺商回流，可否匯流成河？

臺商回流越來越熱絡 117
　　大陸經營成本上漲快 118
　　臺灣優惠力度加碼 119
　　向大陸開放是最大誘因 120
　　回臺炒房需引起警惕 121

第三部分　THREE PART　財金脈動

第十六章　兩岸金融中心「搶試」，只爭朝夕！

現狀篇 123
　　臺資金融群聚效應不彰 123
　　金融機構設立總部少 124
　　廈門應建兩岸金融學院 125

挑戰篇 126
　　層級過低　觀念誤區
　　爭取開放政策不易 126
　　怕被「矮化」想要「對等」
　　臺灣持消極、戒備心態 127
　　整體開放　加速推進
　　擠壓試點的開放政策空間 128

出路篇 129
　　圍繞兩岸，全面爭取優惠政策 129
　　降低准入門檻，擴大經營領域 130
　　從自由化到對臺離岸金融中心 130

第十七章　臺北人民幣離岸市場的廈門機會

　　島內人民幣資金池做大 133
　　人民幣資金池需要回流 134
　　廈門應發揮兩岸金融中心優勢 135

第十八章　兩岸「貨幣直航」號角吹響

7

臺商楊先生的地下匯兌經歷 137
　　兩岸貨幣間接、代理清算實踐 138
　　企業：通匯手續費減少，風險降低 139
　　民眾：增加理財產品，利好赴臺遊 140
　　安全：打擊地下金融，規範匯兌市場 141

第十九章　貨幣直航時代三大猜想

　　猜想一：大陸新臺幣兌換遍地開花 143
　　猜想二：人民幣納入臺灣外匯儲備體系 144
　　猜想三：臺灣成為下一個人民幣離岸市場 146

第二十章　兩岸股市直達車大陸鳴笛起步

　　Ａ股直達車的投資機會來臨 150
　　大陸民眾投資臺股何時成行？ 151
　　Ｔ股能否點燃臺灣股民激情？ 152
　　臺股可望成為華人的納斯達克 154
　　從間接炒Ａ股到直接「登陸」 155

第二十一章　臺灣「財政破落戶」如何形成？

　　懸崖就在邊上，步步驚心 157
　　財政錢袋子越來越扁 158
　　福利不設「排富條款」 159
　　經濟建設「捉襟見肘」 161
　　或步希臘後塵釀危機 161

第二十二章　臺灣地方財政「造血」功能萎縮

　　快速流失的稅基 163
　　公權力被利益團體綁架 164
　　修「公債法」提高上限 165

第二十三章　歷經波折，臺灣證所稅能走多遠？

兩年內 8500 點是「天花板」? ——— 167
　　證所稅究竟動了誰的奶酪? ——— 168
　　臺股將會迎來「黃土十年」? ——— 169

第二十四章　「逗你玩」的臺灣證所稅
　　股指逼近「天花板」，倒逼修法 ——— 171
　　走走停停半世紀，路途艱難 ——— 172
　　合併證所稅證交稅，累計課徵 ——— 173

第四部分　FOUR PART　產業輪動

第二十五章　臺服務業登陸，迎來「黃金十年」?
　　服貿協議，大陸給出「超 WTO 待遇」 ——— 177
　　雙重標準，綠營一貫的「反中」思維 ——— 178
　　業界擔心，八大產業最受衝擊 ——— 179
　　須持開放心態，把握「黃金」商機 ——— 180
　　服務業或掀第四波臺商投資熱潮 ——— 181
　　服務業引領新潮，誰當其中主角? ——— 182

第二十六章　中韓 FTA：臺製造業的原子彈
　　韓國經濟快速自由化，危及臺灣出口 ——— 185
　　逼近公債上限，「財政反循環」失效 ——— 186
　　長期低物價，掉入低品質低薪資陷阱 ——— 186

第二十七章　臺灣代工產業「美麗而哀愁」
　　「內需拉動」切中弊病 ——— 189
　　長期活力依靠產業轉型 ——— 190
　　轉型需兩岸經濟一體化 ——— 191

第二十八章　三大「不友善」，臺灣產業轉型深陷泥淖
　　對服務業開放不友善，服務業增速緩慢 ——— 193
　　對新興產業不友善，年輕人創業熱情熄火 ——— 194

對高階人才不友善，臺灣成為人才淨流出地 ⋯⋯⋯⋯⋯⋯⋯⋯⋯⋯⋯⋯ 195

第二十九章　臺灣文創產業「活化」之術

　　糖廠變成鼓樂場 ⋯⋯⋯⋯⋯⋯⋯⋯⋯⋯⋯⋯⋯⋯⋯⋯⋯⋯⋯⋯⋯⋯⋯ 197

　　鹽場堆成「長白山」 ⋯⋯⋯⋯⋯⋯⋯⋯⋯⋯⋯⋯⋯⋯⋯⋯⋯⋯⋯⋯ 198

　　「割稻飯」餐廳和「豬舍客房」 ⋯⋯⋯⋯⋯⋯⋯⋯⋯⋯⋯⋯⋯⋯⋯ 198

　　荷花深處是陶坊 ⋯⋯⋯⋯⋯⋯⋯⋯⋯⋯⋯⋯⋯⋯⋯⋯⋯⋯⋯⋯⋯⋯ 199

第五部分　FIVE PART　民生觸動

第三十章　在臺灣，一個人是如何變窮的？

　　學貸族還沒工作就還貸 ⋯⋯⋯⋯⋯⋯⋯⋯⋯⋯⋯⋯⋯⋯⋯⋯⋯⋯⋯ 201

　　派遣族上班隨時會被解僱 ⋯⋯⋯⋯⋯⋯⋯⋯⋯⋯⋯⋯⋯⋯⋯⋯⋯⋯ 202

　　卡債族信用卡循環套現 ⋯⋯⋯⋯⋯⋯⋯⋯⋯⋯⋯⋯⋯⋯⋯⋯⋯⋯⋯ 202

　　房奴族根本買不起房子 ⋯⋯⋯⋯⋯⋯⋯⋯⋯⋯⋯⋯⋯⋯⋯⋯⋯⋯⋯ 203

　　照護族生病了入不敷出 ⋯⋯⋯⋯⋯⋯⋯⋯⋯⋯⋯⋯⋯⋯⋯⋯⋯⋯⋯ 204

　　流浪族一貧如洗睡街頭 ⋯⋯⋯⋯⋯⋯⋯⋯⋯⋯⋯⋯⋯⋯⋯⋯⋯⋯⋯ 204

　　貧富差距拉大　貧窮焦慮增強 ⋯⋯⋯⋯⋯⋯⋯⋯⋯⋯⋯⋯⋯⋯⋯⋯ 204

第三十一章　臺灣何以掉入「低薪陷阱」？

　　整體經濟走弱，產業結構低端 ⋯⋯⋯⋯⋯⋯⋯⋯⋯⋯⋯⋯⋯⋯⋯⋯ 207

　　公務員被視「特權」，公營企業抓「肥貓」 ⋯⋯⋯⋯⋯⋯⋯⋯⋯⋯ 208

　　人力供需失衡，青年失業嚴重 ⋯⋯⋯⋯⋯⋯⋯⋯⋯⋯⋯⋯⋯⋯⋯⋯ 209

第三十二章　臺灣養老金「右轉」求生存

　　養老金「左轉」多年，缺口越來越大 ⋯⋯⋯⋯⋯⋯⋯⋯⋯⋯⋯⋯⋯ 211

　　政策買票逐年加碼，保障易增難減 ⋯⋯⋯⋯⋯⋯⋯⋯⋯⋯⋯⋯⋯⋯ 213

　　改革號角吹響，「右轉」趨勢不可逆轉 ⋯⋯⋯⋯⋯⋯⋯⋯⋯⋯⋯⋯ 214

第三十三章　「以房養老」：為養老新開一扇門

　　從養兒防老到以房養老 ⋯⋯⋯⋯⋯⋯⋯⋯⋯⋯⋯⋯⋯⋯⋯⋯⋯⋯⋯ 217

　　從以房養老到以地養老 ⋯⋯⋯⋯⋯⋯⋯⋯⋯⋯⋯⋯⋯⋯⋯⋯⋯⋯⋯ 218

從公益模式到商品模式 219

第三十四章　臺灣「少子化」社會如何煉成？

　　養育孩子的一本支出帳 221
　　年輕人養家餬口很艱難 222
　　中央、縣市政府發錢鼓勵 223
　　鼓勵生育需取消「歧視」 223
　　「少子化」凸顯「自我」觀念 224

第三十五章　臺北為何高房價、低租金？

　　僅 6% 年輕人能靠自己買房 227
　　半世紀買精華區一套房 228
　　熱錢推房價，低薪阻房租 228
　　2015 年臺灣房市泡沫化？ 229

第三十六章　從奢侈稅看臺灣「打房」得失

　　奢侈稅功效有多大？ 231
　　資金泛濫，拉高房價 232
　　提高養房養地成本 233
　　資本利得稅爭議 233

第三十七章　臺灣電價市場化之困

　　台電巨虧，電價難漲 235
　　家庭用電補貼工業用電 236
　　台電民營化，或為突破口 237

第三十八章　臺灣計程車「牌隨人走」可供借鑑

　　從車行、合作社到個人車牌
　　取得門檻降低，車牌泛濫 239
　　空車率高，收入節節下降
　　實際上路車輛逐年遞減 240
　　老年人多，失業者多

計程車行業成為失業避風港 ⋯⋯ 241
限發牌照，實行牌照有價
憑什麼叫一些人讓出車牌？ ⋯⋯ 242
車牌不被一人永遠占有
「牌隨人走」值得大陸借鑑 ⋯⋯ 243

自　序

臺灣經濟得了「保守」病

　　2014 年春天，誰也沒有預料到，一個純經濟協議《海峽兩岸服務貿易協議》，竟掀起了臺灣政壇的軒然大波！反服貿群體相繼攻占臺立法院、行政院，並長時間癱瘓了立法院，抗議活動主軸是「反服貿，反黑箱」。這波戰火，不知要延續到何時；服貿協議，不知將會是什麼下場。

　　許多平時不太關注臺灣經濟的大陸民眾，也十分關注服貿協議究竟為何引發島內抗議群體的恐慌。大陸民眾通常很難理解，一個明顯讓利臺灣的協議，竟然釀成了臺灣罕見的「憲政危機」！

　　根據服貿協議，大陸向臺灣開放 80 個項目，全部高於 WTO 經貿正常化待遇；而臺灣向大陸開放 64 個項目，只有 20 多項達到了 WTO 正常化待遇。即使撇開協議內容不談，就說所謂的程序「黑箱」，可實際上 2013 年臺灣與紐西蘭、新加坡簽署經濟協議，同樣在簽約前未經臺立法院審查，卻沒有引起任何爭議。

　　正如臺灣領導人馬英九所說，臺灣很多事情一遇到大陸就變了樣。這個「變樣」，一個重要表現是臺灣民眾憂慮經濟上過度依賴大陸，遭到大陸嚴重衝擊，服貿爭端反映的正是這種憂慮，有大陸網友指其「想在經濟上吃大陸豆腐，又怕政治上被大陸吃豆腐」。這種心態造成臺灣對大陸防備有餘、開放不足，錯失了搭乘大陸經濟快車的良機。

　　於是，臺灣針對大陸資金設置了重重障礙，相當多想去臺灣投資的大陸企業很是困惑：臺灣究竟歡迎什麼樣的大陸企業和人才過去？臺灣希望兩岸產業如何互動互惠？本書在第二部分「投資衝動」中有詳細論述。

　　對於自己的市場想盡量保護，對於對方市場卻想盡量進入，臺灣服務業繼製造業之後，一直對大陸市場虎視眈眈，如果兩岸服貿協議盡早生效通過，臺服務業將會藉助大陸內需迎來發展的「黃金時期」，特別是電子商務、金融業、文創業等，更有機會大展拳腳，馳騁廣袤神州。

目前，電子代工產業依然唱主角，它曾經為臺灣贏來了「電子代工王國」美稱，可它終究處在「微笑曲線」底部，嘴角無法向兩邊上揚而微笑起來，臺灣的電子代工業，曾經「美麗」，而今「哀愁」，臺灣產業如何走出困境、枯木逢春？本書第四部分「產業輪動」對此予以了關注。

正是因為產業沒能順應潮流，進行轉型升級，一種名叫「保守」的病越發嚴重。臺灣經濟從「亞洲四小龍」之首淪落為龍尾，其實，如今已無「四小龍」之說了！臺灣經濟變悶了，「錢袋子」變扁了，民眾薪資不漲了，臺灣人正在一步步變窮。本書第五部分「民生觸動」有許多鮮活的實地見聞。

臺灣經濟如何才能走出幽暗隧道、迎向洞口亮光？在全球經濟整合大潮流下，臺灣出路只有與大陸進行經濟整合、產業分工，進而融入到 RCEP（東盟全面經濟夥伴關係協定）和 TPP（泛太平洋戰略經濟夥伴關係協定）等區域經濟體中，現階段可透過兩岸自由經濟試驗區的對接，「試水」而行，長遠目標是把整個臺灣打造成自由經濟島。相關內容在本書第一部分「宏觀驅動」中多有涉及。

當然，兩岸經貿成功整合，勢必給兩岸民眾理財帶來福祉，股民可坐「兩岸股市直達車」，「臺灣大媽」可以使勁逢低買入人民幣。臺灣證所稅幾十年一路走來，風雨飄搖，對多年來一直處於谷底的大陸股市會有何借鑑？本書第三部分「財金脈動」有此類觀察。

一個做服裝生意的朋友告訴我，他原先有臺灣客戶，可是因為政治問題，訂單由多變少變無。不少想去臺灣買房的朋友，也擔心萬一哪天兩岸關係緊張，人過不去了，房子也就白買了。兩岸經濟整合，從來就夾雜了太多政治因素；臺灣經濟問題，真是像霧像雨又像風！

這就讓我們透過此書，撥開迷霧，一睹真實的臺灣經濟生態，放眼未來的兩岸經濟融合！

本文作者蘭文

推薦序一

更接地氣,瞭解臺灣經濟興衰

冬天,北方寒冷乾旱,又不時出現讓人壓抑的霧霾天,南方則仍是綠樹成蔭,生機勃勃,春意盎然。

癸巳歲末之際,筆者到風景優美的廈門大學參加一場小型兩岸關係形勢研討會,見到海峽導報社記者蘭文。作為蘭文多年的採訪對象與朋友,他要我為他的新著《臺海財經風雲》寫序,雖感不大勝任,也不便推辭,許下承諾,寫點感受與想法,是為序。

臺灣問題是一個重大而敏感的問題,涉及國家主權領土完整,關係到中華民族的偉大復興,是全民族、全社會始終關注的一個重大問題。如今臺灣問題已成為一個顯學。當下大陸研究臺灣問題或兩岸關係問題的機構越來越多,涉臺學者越來越多,研究成果越來越多,涉臺隊伍也越來越龐大,其中湧現出一批專門從事涉臺問題或兩岸關係問題的媒體人,在此稱為「涉臺媒體人」。他們主要從事涉臺問題或兩岸關係問題的報導、評論或節目製作等,是涉臺訊息的傳播者、報導者,涉臺重大事件的解讀者,中央對臺政策的宣傳者,涉臺社會輿論導向的指引者,在兩岸關係發展中扮演著特殊而重要的角色。他們所在的媒體以及他們的報導、評論、文章,也成為大陸民眾瞭解臺灣問題與兩岸關係發展的重要窗口。

然而,依我從事對臺研究近 30 年所瞭解,大陸涉臺媒體人大多是「全能型」媒體人,常常身兼數職,幾乎涉獵臺灣政治、經濟、社會、文化與兩岸關係的各個方面,不如臺灣媒體人那樣分工明確,多有專長與專攻,他們可以說是無所不包,無所不能,什麼問題都報導,什麼樣的涉臺文章、評論都敢寫,都能寫。偌大的大陸,長期專門從事涉臺經濟或兩岸經貿問題研究的學者寥寥無幾一樣,專職於涉臺經濟或兩岸經貿問題的大陸媒體人更是少之又少,常常是非經濟專業或不甚瞭解經濟問題的媒體人,報導或撰寫臺灣經濟或兩岸經貿議題的評論、文章,結果是,專業知識不足,問題瞭解不夠,分析不到位,判斷不準確,出現謬誤便在所難免。不過,我所認識的廈門海

峽導報社記者蘭文則不同。他不是一個「全能型」涉臺媒體人，不是對臺灣問題或兩岸關係方方面面的問題進行全方位的報導與評論，而是多年來專注於兩岸財經議題，以認真、專業的精神觀察與審視兩岸財經問題，寫了大量有關兩岸財經問題的報導與文章，不少文章還被其他媒體轉載，也多次獲得獎勵，這是對他涉臺媒體工作的最大肯定，也為涉臺媒體人專業化發展樹立了榜樣。他的勤奮與努力，終有成果與成效，將最新兩岸財經議題的分析評論文章彙集成冊，出版《臺海財經風雲》一書，可喜可賀。

這本二十多萬字的《臺海財經風雲》，當然不是一本兩岸財經問題的研究專著，沒有理論探討，沒有模型分析，沒有宏篇大論，而是就近年來臺海兩岸重大財經熱點問題、焦點問題與重大問題，進行客觀、詳實地採訪、分析與報導，寫成短小精悍又不失深度分析的文章，簡明扼要，讀來不會像學院派學者撰寫的專著那樣深奧、枯燥與乏味，而是非常輕鬆、淺顯易懂，還會從中得到諸多涉臺知識的收穫與思想啟迪。

這本文集重點分析了近年來臺灣經濟或兩岸經貿關係發展的許多重要問題，諸如ECFA（海峽兩岸經貿合作框架協議）問題、陸資入島問題、兩岸金融合作問題、兩岸產業合作問題、臺商投資問題、臺灣經濟競爭力問題、臺灣自由經濟示範區建設問題、臺灣財政稅收問題、臺灣經濟發展困境問題以及臺灣經濟改革問題等，同時還涉及臺灣經濟社會生活，諸如養老金問題、以房養老問題、薪資問題、少子化問題、高房價問題、「打房」問題、電價問題等等。閱讀這本書，我們既可認識與瞭解當下臺灣經濟、民生問題，也可認識與瞭解兩岸經貿關係發展的進展、困難與挑戰。

這本書另一特點在於，作者不完全是自己對兩岸財經問題分析直接下判斷與結論，而是透過大量採訪海峽兩岸的相關官員、企業家、學者、專家甚至普通老百姓對這些問題的看法與感受，呈現觀點的客觀性、多元性與碰撞性，而且讓原本複雜的經濟問題不再抽象，讀來更感親切與熟悉，更接地氣，也會讓大陸讀者對今天臺灣所面臨的經濟、民主、社會問題與大陸進行比較，思考與大陸經濟社會發展的異同，以及對未來大陸經濟社會發展的借鑑意義。

細讀這本兩岸財經評論之書，不僅可瞭解臺灣經濟之興衰，瞭解當下臺灣經濟改革之困難與艱辛，瞭解兩岸經貿關係發展進程及種種問題與挑戰，

還可從中瞭解當下臺灣社會與政治之現狀，甚至還可洞察臺灣未來經濟社會發展之前景，值得一讀。

（中國社會科學院臺灣研究所資深研究員王建民）

推薦序二

撩開面紗，理解兩岸財經生態

《臺海財經風雲》這本書是關心兩岸財經互動和發展的朋友們一定會喜歡的書，生動、活潑、內容豐富、論述深入。作者蘭文先生任職於廈門的海峽導報社，多年來都在第一線採訪兩岸的財經和政治新聞，他的駐臺採訪經驗，使書中內容能夠扣緊臺灣的現狀，呈現臺灣財經發展的脈動。正因為他的足跡遍布臺灣各角落，才能夠信手拈來，行文流暢，撥雲見日。我和蘭文有過多次的深入訪談經驗，高興看到他出書，先睹為快，一個晚上就把整本書看完，也很高興能夠受邀寫這一篇序文。

總的來說，本書的報導和論述非常精簡扼要，隨時透過被訪者銳利的眼光，穿透兩岸財經現狀，並且帶著相當浪漫、豪放的情懷，陳述大陸投資臺灣所受到的特別待遇，以及臺灣經濟發展在過去十幾年中所碰到的各種困難和遲滯的現象。

我本人對於臺灣的政治經濟財政各方面的發展，一直都保持高度的關心和觀察。而作為臺灣競爭力論壇的理事長，以及身為公共行政學者，我發現這本書裡面所採訪到的臺灣對象，已經很平衡、全面地代表了臺灣精英的意見。

鄧小平「南方談話」之後二十多年來，大陸的經濟發展高速前進，不旋踵之間，已經成為全世界第二大的經濟體，經濟發展速度之快，以及基礎建設之普遍深入，在人類歷史上是僅見的。對於這個快速轉變的「崛起」過程，臺灣的民眾就像全世界的一般民眾，如果沒有機會經常到大陸旅遊，看看各項建設的快速推動，就很難全盤掌握大陸發展的方方面面。由於兩岸人民長久以來的政治經濟分隔，再加上臺灣的官方人員比較少到大陸公務出差或旅遊，因此不論是在政治的決策方面，或者是在各項財經法規方面，都因為各種時間、地理上的隔離因素，兩岸財經政策較難有大開大闔的政策規劃和執行。

在這個大的背景下，蘭文非常生動地描寫到，大陸的資金要進到臺灣的時候，所受到的各種限制，以及感受到的懷疑和敵對的心情。書中對於大陸的資金，不論是大陸廠商的資金或者是臺商的資金，都遭到臺灣民眾相當大的質疑感到不解，我則認為最主要是缺乏溝通的機會和管道。這部分兩岸金流進度遲緩的原因，其實也和民進黨對於兩岸關係採取相當敵對的態度密切相關。不過，民進黨對於兩岸關係的看法和做法，已經逐漸趨於務實，民進黨籍的地方首長不斷到大陸進行招商、推廣觀光活動，並且爭取飛機直航的航班，都顯示出兩岸關係的務實面和逐步開放的趨勢。

這本書對於臺灣的觀察，是從多元的角度，來分析臺灣過去十幾年中經濟發展速度變慢的現象。我想這些觀察基本上有實際的數據為基礎，都沒有錯誤。不過，從整體經濟發展的角度來看，越成熟的經濟體，經濟發展的速度大致上都會由高速成長，然後轉變為高原期，再進入經濟放慢的階段。李登輝執政12年時期經濟成長率平均為6.61%，陳水扁執政8年時期平均為4.42%，到馬英九執政時期的3.07%，這種經濟成長腳步放緩的歷史軌跡，基本上還算是正常的。不過，臺灣目前的經濟發展問題，主要是來自於兩個方面的影響。第一是在民主化過程裡面，民主政治的運作法則影響到經濟發展的腳步，幾乎是必然的。第二是臺灣受限於只有2300萬人口的現狀，臺灣產品的行銷規模，是比較吃虧的，不容易發展成為大品牌、或是可以在全球市場舉足輕重的跨國性公司。宏碁電腦一度在筆記型電腦的領域占有國際市場的領先地位，但是在平板電腦崛起的關鍵時刻，公司誤判發展方向，研發經費投入不足，一下子就營收大幅衰退。宏達電子的智慧手機技術精良，一度在國際市場上領先，但是在國際行銷方面以及協力廠商零件製造方面無法進行適當的垂直整合，也受到極大的打擊。面對這些先天的困境，臺灣的經濟發展必須另尋出路，在各種大眾和小眾產品、文化創意產業、生活產業、服務產業以及高科技產業上，尋求最佳的經營模式，開拓加值效果的各項服務製造業和製造服務業。

兩岸財經關係的發展，有時候是很難從表面理解的。例如，到臺灣觀光的大陸人數眾多，每年以百萬計，好像臺灣賺到很多錢。但事實上透過港商的方式，或是大陸旅行社併購、投資臺灣旅遊產業的方式，大陸的團客在臺

灣所消費的金錢，相當大的部分回流到大陸，而臺灣的旅遊業者在低價接團的情形下，幾乎無利可圖，甚至於關門。又如臺灣雖然對於大陸資金購買房地產有嚴格規定，表面上成交戶數不多，但對於不動產行業稍有瞭解的，都知道利用人頭購買臺灣房地產，成交並不在少數。在另一方面，大陸的行政審批作業對於臺商在大陸拓展服務產業，也可能形成無形的門檻障礙，例如出版的相關產業。

我曾經寫過文章表示，臺灣在大陸成為世界工廠的階段，沒有採取正面、積極的投資策略，大力加碼投資大陸的製造業，十分可惜地錯失第一次的重大賺錢機會。大陸即將由世界工廠轉變成為世界市場，臺商和臺灣的服務產業應該善加把握第二次的重大機會，以共創雙贏的方式，結合兩岸產業機會，加速交流，共同拓展世界市場。本書在未來的兩岸財經發展中，提供非常多的深入觀點，值得兩岸用心思考和借鑑。

（臺灣競爭力論壇理事長彭錦鵬）

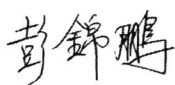

目錄、推薦序、書評

推薦序三

溫水煮蛙，臺灣陷入產業困境

　　這些年我有許多機會參與兩岸事務，也因此認識了一批被我稱為「少年英雄」的媒體朋友，蘭文是其中佼佼者。接受過他採訪的人，相信都會同意他是一位極為認真、充滿洞見的媒體人。我非常榮幸能受邀為他的新書《臺海財經風雲》作序，向讀者推薦一本精彩又好看的書。

　　作為一個文化人類學、社會學與傳媒理論的研究者，我對外來者如何認識、理解甚至內化其他文化，一直充滿興趣；來臺深入生活、採訪的蘭文便成為非常好的觀察對象。從本書的綱目看出，蘭文既是一位獨立客觀的思考者，又是一位具有文化認同的外來者。因此，他雖然選擇了財經作為剖析臺灣的切入點（trajectory），字裡行間卻體現對兩岸整體社會與文化的深入理解。

　　蘭文從各種觀點參照剖析的核心問題，是由「變與常」（change and continuity）交互作用造成的大趨勢。如：第二部分投資衝動，寫的是陸商與臺商交互跨海投資，與投資當地母體文化的磨合故事；第三部分財金脈動，以對照的觀點，深入剖析臺灣的貨幣、財政、稅收、資本市場等各個面向；第一、四部分宏觀驅動和產業輪動，展現了蘭文作為財經記者的功力，從臺灣奇蹟到代工產業的結構性問題，彷彿是一篇臺灣經濟發展論文；第五部分民生觸動則是從個體經驗，描繪近年來臺灣社會向下流動的問題。

　　兩岸開放已經從單邊開放、雙邊開放，開始進入全面開放、互相頻繁往來的階段。而在極為複雜的國際經濟局勢下，兩岸有各自的「美麗與哀愁」（借作者標題）。臺灣具有先驅市場的條件，可以是大陸進軍國際的重要試點與亮點！大陸具有規模市場的優勢，可以是臺灣發展品牌的有利環境！兩岸不同產業在不同的發展階段，更可以有各式各樣的合作整合機會！但這些經濟整合的機會對於體量相對小的臺灣而言，可以說是既期待又怕受傷害；過去開放整合的結果，也往往造成兩個中間阻斷的「贏家圈」與「輸家圈」；贏家的獲利不會經由經濟學理的「下溢」（trickle down）讓輸家分享。

此時,若政府不能以制度有智慧地確保經由稅收等渠道讓贏家付出合理代價,讓輸家得到基本輔導或補貼,反對的聲浪必定排山倒海而來!長此以往,將造成「贏家集中、輸家擴大」的結果,又會產生所得分配不均、失業攀升、整體社會向下流動的惡性循環。反之,若政府政策能有效引導適合的外資產業進入,則適度開放可能創造本地就業機會、提升臺灣製造 MIT 的品牌價值,產生社會向上流動的良性循環。

蘭文書中訪問了一些來臺的陸資,他們很多是抱著來臺灣練好功夫,再邁向世界或回大陸發展的想法而來,也就是前文中以臺灣為試點的概念。看清這一點,則臺灣「向上躍升或向下沉淪」(李遠哲語)的關鍵絕不在開放與否,而在開放的經濟戰略,包含整體規劃、順序、時程、方式、產業發展/輔導方向等(臺灣內部對 ECFA 與服貿協定的討論大抵環繞著這些問題,而臺灣政府至今也未向老百姓說清楚)。

一本《臺海財經風雲》,提供給兩岸的讀者不同的省思機會!對大陸讀者而言,本書是一本精彩的深度導覽,包含了臺灣政治、經濟、社會、文化、生活等領域的介紹。對臺灣讀者而言,本書是一張完整的旅行地圖,展現了兩岸財經發展的過去、現在、與不同的未來選擇。

作為臺灣的讀者,我認為蘭文在本書中展現的針砭往往有如當頭棒喝,尤其是關於產業困境、社會流動的幾篇文章,特別值得我們這些生活在臺灣,在溫水中被煮的「青蛙」們細細品味!

(「中華二十一世紀智庫」研究召集人、臺灣前立法委員雷倩)

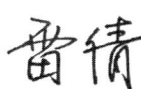

書評一　敏銳觀察，見解獨到

　　臺灣與大陸自從 2010 年 6 月 29 日簽訂海峽兩岸經濟合作架構協議（Cross-Straits Economic Cooperation Framework Agreement，簡稱 ECFA）之後，兩岸經濟交流即邁入嶄新的里程。加上此後陸續展開的投資保障、服務貿易、貨品貿易等多項協議利多，可以想像得到，今後兩岸除經濟整合互補將越來越深化之外，社會、文化等各層面交流亦將愈來愈頻繁。

　　本書作者蘭文先生兩次派駐來臺，其間除深入探討臺灣政經社會轉型變化之人文差異，更就兩岸經濟發展階段與交流過程之轉折關鍵，以敏銳的觀察力直接點出癥結所在，其中尤以陸資赴臺、臺灣服務業登陸、兩岸金融、貨幣、股市開放等政策均有精闢獨到的見解；另外，對於當前臺灣所面臨的經濟困境與「低薪陷阱」，乃至於人口高齡化、少子化、貧富差距等議題，以及大陸人士赴臺購屋置產，大陸將來可能逐漸浮現的經濟與社會等相關問題，都有深入淺出的分析報導。論述內容還將所見所聞以及訪問心得真實呈現，期以真實事例報導兩岸事實現況，以饗讀者。

　　而更難能可貴的是，對於當前兩岸交流呈現遲滯化問題，本書提出不少批判觀點，俾供主管機關政策制定參考。唯如就現階段臺灣與中國大陸之經濟體規模、政經與社會發展差異加以比較分析，不難發現此一現象實與十年來臺灣面臨經濟成長衰退、薪資所得倒退、失業率提高、房價飆漲、社會弊病叢生等種種問題難脫干係。而此問題又與臺灣原來預期兩岸經濟整合互補之政策效果差距極大息息相關，其中尤以高科技產業面臨前所未有的競爭威脅，導致經濟成長遲滯，以及傳統產業衰退導致失業率頻創新高最受訾議。近年，又因房價不斷飆漲、貧富差距擴大以及物價一再躥高，而導致政府政策屢遭批評，連帶兩岸經濟協議等相關議題亦常遭杯葛。

　　此外，隨著兩岸三地人員往來與政經交流之日益頻繁，近年港澳地區與中國大陸政經整合過程所發生之種種政經與社會衝擊等相關議題，包括人口移動、就業機會、居住空間、房價飆漲、社會福利等問題之變動與排擠等，都是臺灣社會常引以為鑑之話題。因此，未來在兩岸政經整合過程中，必定還有更多的財經與社會人文議題值得細細品味，也希望作者能夠隨時予以深

入追蹤探討，並做深度分析報導，俾便兩岸交流得以早日步入正軌，共同開創雙贏互利之坦途。

（臺灣知名房地產專家、淡江大學副教授莊孟翰）

書評二　深入，細膩，鋒利

　　蘭文是個非常認真的記者，從他的書，完全可以看得出來。

　　由他的書，可以明瞭他對問題的深入；

　　由他的文章，可以體認他思維的細膩；

　　由他的寫作，可以感受到他鋒利的筆。

　　如果你想要瞭解臺灣，蘭文的新書，是你不該錯過的一本好書。

　　（國民黨「國家政策研究基金會」財政金融組召集人、臺灣大學經濟系教授林建甫）

第一部分　ONE PART　宏觀驅動

◎上海自由貿易區與臺灣自由經濟示範區推開「自由」之窗

◎一波三折的臺經濟特區之路

◎「金」鑰匙開啟海峽西岸經濟區對接臺灣之門

◎ECFA 對臺紅利：一扇門、一座橋、一條路

◎後 ECFA 時代，海峽西岸經濟區怎樣耕種「試驗田」？

◎臺灣經濟「大悶鍋」

◎「民主化陷阱」造成臺灣經濟困境

◎臺灣競爭力提升之道

第一章　上海自由貿易區與臺灣自由經濟示範區推開「自由」之窗

　　上海自由貿易區猶如一舉火把，將探明中國大陸自由經濟之前路，點燃神州大地經濟升級之明燈。一海之隔的臺灣，深怕被席捲而來的大陸自由經濟浪潮淹沒，寄予自由經濟示範區以抗衡上海自由貿易區之重任。自由貿易區與自由經濟示範區，應該上演一場慘烈的資源爭奪戰，還是同飲一杯共贏的兄弟和好酒？

　　2013年秋天，兩岸幾乎同時推開了自由經濟之窗口。

　　這個窗口有別於兩岸此前對外打開的窗口：出口加工區、保稅區、自由貿易港區、經濟特區等。這個新窗口，大陸稱自由貿易試驗區（簡稱自貿區），臺灣稱自由經濟示範區（簡稱自經區）。

　　2013年8月，臺灣在基隆、宜蘭蘇澳、臺北、臺中、高雄、臺南安平等6個海港和桃園空港推行自由經濟示範區。9月底，大陸在經濟中心上海拉開自由貿易區序幕。

　　我們曾經走過計劃經濟、市場經濟年代，如今又迎來了自由經濟年代。在這個年代裡，不自由，唯有死，兩岸都無處躲藏，兩岸都無從選擇。

自由之緣起：美國主導全球「市場紅利」

　　兩岸啟動自由經濟試驗，有內部外部紛繁複雜的原因，有歷史現實眾說紛紜的考量，但是全球經濟自由化大潮，卻是最重要因素。

　　自21世紀以來，世界貿易組織（WTO）工作步履維艱，自由經貿功能日漸式微，世界各國和地區於是繞開世貿組織，自行找人結盟（即FTA，也稱自由貿易協定），或者一些成員共同結成區域經濟組織（如TPP、RCEP等）。FTA成員或者區域經濟組織成員之間實行自由化經貿關係，超越了WTO框架內的正常化經貿關係。

這十幾年來，全球自由化浪潮一浪高過一浪，從歐美往亞洲席捲而來，其中最強大主導力量是美國。美國主導的區域經濟組織包括北美自由貿易區、泛太平洋戰略經濟夥伴關係協定（TPP）、泛大西洋貿易投資合作夥伴關係（TTIP）等，幾乎要將全球主要經貿區一網打盡。

臺灣「國策研究院」院長田弘茂指出，美國正在進行全球經濟戰略大調整。過去二十多年全球勞力密集型地區占到便宜，中國大陸依靠「人口紅利」成為最大受益者；美國今後要推行「市場紅利」規則，以美國為主體構建全球自由經濟貿易區，以此設立產品進入新規則。

在「市場紅利」新規則之下的亞洲，東盟 10 + 6 組建區域全面經濟夥伴關係協定（RCEP），16 個成員與 TPP 的 12 個成員有部分重疊，大陸對 RCEP 興趣較高，臺灣對 TPP 興趣較高。另外，中日韓自由貿易區也在緊鑼密鼓推進，該貿易區涵蓋全球 20% 的貿易量，2015 年該自由貿易區或將談成。中日韓自由貿易區對臺灣影響最大，因為韓國是臺灣最主要對手，大陸和日本是臺灣最重要經貿夥伴，貿易是有替代性的，中日韓自由貿易區內貿易成長，勢必排擠臺灣與他們的貿易量。

廈門大學臺灣研究院經濟所唐永紅所長稱，全球各經濟體都在利用自由化創造新的競爭優勢，自由化主要包括以 WTO 為代表的全球經濟整合（作用快速衰減中）、區域雙邊（FTA）、多邊（區域經合組織）經濟整合，各經濟體之中「境內關外」自由化（這部分推進速度最快）等三個方面。

全球各經濟體之間至今已簽署 500 多個 FTA，中國大陸、日本、新加坡等均對外簽了十幾個 FTA。兩岸之間關係特殊，未以 FTA 形式簽署，而是簽訂了具有 FTA 實質意義的 ECFA。臺灣 2013 年還與紐西蘭、新加坡簽訂了 FTA。

在一個經濟體內部的「境內關外」自由化部分，包括保稅區、自由貿易港區、投資免稅區（如開曼群島、維京群島）等，全球現已設立「境內關外」1200 多個，大陸於 2003 年在上海外高橋設立第一個保稅港區，臺灣也在幾個海空港設立了自由貿易港區。

不過，兩岸此前進行的「境內關外」實踐，基本在貨物貿易範疇，模式是封關運作，而今後的自由貿易區是經濟全方位自由化，包括貨物貿易、服務貿易、金融活動、產業投資等四個自由化。這四個自由化也是區域雙邊、多邊自由經濟的發展目標，「境內關外」自由化是為了 FTA 自由化與區域多邊自由化。

自由之意涵：從政策開放到制度開放

對於「境內關外」的上海自由貿易區要做什麼，許多企業界人士都不甚明瞭，感覺規定很模糊，這正是上海自由貿易區的特色——不是既定政策措施，而是明確目標之後的制度探索。那麼，上海自由貿易區目標是什麼？上海社科院世界經濟研究所所長張幼文解讀，上海自由貿易區基本思路是「以開放促改革」，它要打造中國經濟對外開放的升級版，目標是國家從政策性開放探求制度性開放。

臺灣中華經濟研究院區域發展研究中心劉大年主任認為，上海自由貿易區除了市場開放之外，更重要在於制度改革，重點要解除管制，如國企透明化，特別是 TPP、RCEP 強調製度開放，對大陸構成很大壓力。

臺灣工業總會副秘書長蔡宏明表示，上海自由貿易區制度開放源於三大壓力：一、2001 年大陸加入世貿後改革上千項法規，市場開放帶來經濟持續成長，而今過度依賴投資、人口紅利消失、環境破壞嚴重，逼迫以深化開放倒逼繼續改革；二、落實中美雙邊投資協議的承諾，美國要求中國改善外商投資環境，使之更自由更透明，投資由正面表列改為負面表列；三、TPP、RCEP 協定不僅僅限於關稅降低和服務市場開放，也包括國內法規與國際法規接軌。

所以，上海自由貿易區率先在大陸對外資實行負面表列，列出 190 項負面投資清單，約占總投資項目 18%，清單以外項目外資均可進入。張幼文所長解釋，由於正處在轉型期，上海自由貿易區實行正面、負面清單並列，正面清單表現為鼓勵投資 6 大類服務業（金融、航運、商貿、專業、文化、社會）18 個產業 23 個領域。

190項負面清單有效期到2013年年底，以後將逐年減少清單項目。為配套負面清單新舉，企業投資由審批制改為備案制，由事先審批改為事後監管，「小政府、大市場」對政府管理提出新要求，迫使行政管理大鬆綁、大開放。自由貿易協定（FTA）投資開放水平通常達到9成，上海自由貿易區已有82%項目對外開放，已接近FTA水準。臺灣大學經濟系教授林建甫評價稱，負面清單是上海自由貿易區最重要的制度開放，負面表列之後政府干預減少了，企業交易成本降低了，有利於民企和外企。

上海自由貿易區包括洋山保稅港區、外高橋保稅區、外高橋保稅物流園區、浦東機場綜合保稅區等4個海關特殊監管區域，面積僅28.78平方公里。蔡宏明稱，這麼小的地方重點不是以租稅優惠吸引外商投資，而是制度創新與開放，摸索經驗，為將來複製、推廣到其他地區做準備。

相比之下，臺灣自由經濟示範區的制度開放力度不大，只是在自由貿易港區基礎上稍加修改，沿襲了租稅優惠、吸引投資的思路。中華經濟研究院副院長王健全介紹，自由經濟示範區分兩階段推進：第一階段是政府規劃六港一空，開放四大服務業智慧運籌（即電子物流）、農產加值、產業合作、國際醫療，第二階段再增設新區域、增加新產業，並實行一系列稅收優惠——海外人才免報海外所得，前三年薪資半數免稅；海外盈餘入區投資免稅；研發支出一定額度3年租稅優惠；設營運總部投資3年內企業所得稅優惠等。第二階段須等立法院通過特別條例後才能上路。

臺灣前立委雷倩解讀說，21世紀以來臺灣面臨嚴重的產業空洞化，因為服務主體消失了，海空運、金融、法律、會計等服務業都隨之下沉，因而自由經濟示範區除了吸引高端服務業入駐，還肩負吸引高端製造業入駐的使命，這是有別於上海自由貿易區之處。

自由之效應：開放倒逼改革，釋放活力

上海自由貿易區「橫空出世」，給臺灣以極大震憾！王健全副院長稱為「石破天驚」。林建甫教授稱，上海自由貿易區只是起點，如同當年深圳點燃市場經濟第一把火，上海點燃了自由經濟第一把火，緊接著深圳前海、珠

海橫琴、天津濱海、廈門等地，都將紛紛建設自由貿易區。僅在上海自由貿易區掛牌一個半月之後，廈門也已宣示要申設自由貿易區。

上海自由貿易區這個彈丸之地，對大陸經濟總量帶來的影響無疑是微乎其微的，但它帶來的經濟改革效應則是難以估量！臺灣政治大學財政學系主任黃智聰說，上海自由貿易區是大陸30多年前設立經濟特區以來最大規模的經濟改革，假如試驗成功並擴至大陸，這是大陸經濟改革的巨大成功，有助大陸從經濟大國轉為經濟強國。

唐永紅所長表示，大陸經過30多年經濟高速發展，從封閉經濟走向開放經濟，從計劃經濟走向市場經濟，然而在此過程中積累了諸多問題，權力進入市場，貧富分化嚴重。由於財富分配不均，社會有效需求受到壓制，2008年全球金融海嘯後大陸經濟增速一下跌落下來，幾乎遭到腰斬，表明大陸經濟持續發展遇到問題。

如何讓大陸經濟持續穩步向前？唯有透過自由化再注新動力，可是自由化探索過程充滿不確定性，便沿襲「摸石頭過河」試點方式，讓上海打頭陣，譜寫大陸經貿自由化的前奏曲。從這個意義上說，上海自由貿易區不同於經濟特區，經濟特區是特殊區域實行特殊政策，而上海自由貿易區試驗成功後要推廣開來，其目的是為了將來沒有試驗區。

上海社科院院長王戰認為，經濟特區實行單向的外商投資優惠，自由貿易區卻是為了創造雙向投資便利化，既方便外資進入，也打造與國際接軌的投資環境，創造條件讓陸資走出去。唐永紅說，如果有更多民營中小企業到海外投資，一來可以消除大塊頭央企收購海外資源礦產引發的恐懼感，二來中小企業在海外主要從事製造業，產品就地銷售，可避免大陸產品大量出口而引發的貿易摩擦。

張幼文概括了上海自由貿易區將產生幾大效應：從降低關稅升級為優化貿易，培育貿易新業態（如電子商務），增加在全球貿易中的話語權；從自由貿易升級為投資促進，投資負面表列，審批制改為備案制；從製造業升級為服務業，新增重點是現代服務業。

大陸因市場化而成就了30年經濟神話，能否因自由化再造30年經濟奇蹟？唐永紅預測，一旦整個大陸向自由貿易區邁進，大陸未來可能成為國際航運、物流中心，乃至世界經濟中心。黃智聰預期，上海自由貿易區將會提升上海成為全球金融、貿易與物流中心。上海自由貿易區定位明確，潛力可期，反觀臺灣自由經濟示範區訴求不明，定位模糊，臺灣面臨大陸競爭壓力會與日俱增。臺灣「國票金控」董事長魏啟林坦言，自由經濟示範區有關租稅優惠及鬆綁人流金流部分，有待於立法院通過特別條例，在臺灣當前的「立法」生態下，要想有大刀闊斧的舉措，非常困難！

大陸在上海自由貿易區展現出來的格局、戰略及效率，給林建甫很大震撼，他認為與上海自由貿易區相比，臺灣自由經濟示範區不止慢了一步。「若等上海自由化發展成形，臺灣只能等著被邊緣化，臺灣必須加緊步伐，否則良機一去不返！」他強調。

自由之挑戰：臺灣面臨大陸「磁吸效應」

林建甫形象比喻，上海自由貿易區在跑步，臺灣自由經濟示範區卻在走碎步。2013年1月，上海正式向中央提交自由貿易區試點方案，3月李克強總理指示上海應積極探索，從國家層面推進，7月國務院會議通過整體方案，9月掛牌上路。上海自由貿易區從媒體公開討論到正式掛牌上路，僅短短數月；而臺灣自由經濟示範區在2011年提出，到2013年8月才啟動第一階段。

臺灣前立委雷倩說，臺灣具有先進性、國際觀的消費市場，擁有充沛的研發、創意和設計資源，是先驅市場；大陸從來是規模市場，縱深極為深厚，前端有豐沛的生產資源，後端有極大的消費市場。從大結構來看，臺灣輕巧靈動、創意創新，這種先驅市場與大陸規模市場的互補性明顯。如今大陸在上海推自由貿易區，當上海與全球直接接軌時，自然會越過像臺灣這樣的中介先驅市場，臺灣自然受到威脅。

雷倩表示，當大陸多個地方多個層次與國際制度接軌，必將對臺灣、香港等周邊地區構成挑戰，臺灣如果在這波自由化浪潮中無法脫穎而出，無法有效重建製造業基礎和增加服務業基礎，臺灣的成長力道就會江河日下，從亞洲經濟前段班落到中段班，甚至淪為中後段班。

臺灣「國策研究院」執行長林文程認為，上海自由貿易區首當其衝影響到的是香港，自由貿易區在大陸推廣成功後，臺灣才會式微。這是因為，大型經濟體通常會對小型經濟體產生「磁吸效應」，如同西西里島被義大利磁吸，波多黎各被美國磁吸，澎湖列島被臺灣本島磁吸。小型經濟體如果要避免被磁吸的命運，唯一出路是比大型經濟體更加自由化，例如開曼群島、維京群島，以免稅優惠成為全球投資者的樂園。

黃智聰稱，上海自由貿易區服務業高度開放，並有廣闊內需市場，會削弱臺灣自由經濟示範區對外商的吸引力。航運自由化是上海自由貿易區的六大開放重點之一，提高了外資在合資船舶運輸企業的參股比重，陸資公司可擁有或控股非五星旗船舶，上海國際貿易航運中心地位將更顯要，從而影響臺灣自由經濟示範區的貨櫃中轉業務，使高雄、基隆港進一步被邊緣化。

黃智聰還稱，上海自由貿易區投資鬆綁，將吸引大批外商前往設立營運總部，原本設在臺灣的跨國公司也會把核心業務轉移過去，降低臺灣成為亞太營運中心的能力。不過雷倩對此持不同觀點，她認為在1990年代中期之後，跨國公司總部就很少設在臺灣了，所以大公司亞洲總部挪移對臺灣沒多大影響，這些總部會更多從香港或新加坡等地轉移。

上海自由貿易區開放離岸金融業務，或將擠壓臺灣發展人民幣離岸中心的空間。黃智聰說，自由貿易區推動人民幣自由兌換，有利於臺灣銀行業國際金融業務分行（OBU）的業務提升，但是上海國際金融中心國際競爭力大增後，許多外資銀行直接入駐自由貿易區，臺灣銀行業欲透過ECFA成為外商進入大陸市場的跳板，以達到臺灣成為亞太財富管理與籌資中心的目標更加困難。

臺灣《商業周刊》更是發出危言：上海自由貿易區試驗成功，臺灣銀行業會倒一半！魏啟林董事長稱，上海自由貿易區一旦設立上海證交所臺港澳分所，臺灣資本市場會隨之式微。

然而，這正是自由經濟的鐵律！沒有競爭就沒有競爭力。臺灣被困於「臺灣特色民主」之中，民粹思潮泛濫，防弊有餘，開放不足，特別對大陸資金

尤其戒備。即使在自由經濟示範區內，陸資最多也只能比照WTO待遇，而外資卻邁向FTA與TPP待遇。

劉大年指出，自由經濟示範區對陸資一套標準，對外資一套標準，可是自由經濟示範區是為了與全球經濟開放接軌，TPP、RCEP這些經濟組織有統一的開放標準，屆時大陸與臺灣都加入其中的話，臺灣向大陸開放的標準就必須與開放給其他經濟體的標準一樣。他說，臺灣向大陸開放的一條線，應該和向世界開放的那條線越靠越近，不能夠像現在採取的向全球「積極開放」，而對大陸「小心謹慎」，兩條線如果越隔越遠，非常不利於臺灣參與區域經濟合作組織。

▎自由之轉機：兩岸競合中找到產業互補優勢

雷倩希望上海快速的動作，能夠成為臺灣的刺激，使其快速排除政治障礙，向大陸敞開胸懷，建設更自由開放的投資環境。她建議臺灣要不斷找到自己的競爭優勢，並升級競爭優勢，當大陸打開上海這扇窗口與世界接軌時，臺灣唯有強化自身的輕巧靈動、創意創新這一出路，才可避免被磁吸命運。

在全球化時代的供應鏈體系裡面，所有經濟體之間存在縱向（上中下游）或者橫向（產業類別）的互補關係。例如中印從經濟規模來看是競爭的，但印度沒有如中國龐大的基礎製造工業，印度新興消費者所需的物美價廉產品，只有中國才是最合理的來源。所以，每個經濟體之間應當做專業分工，強化互補性。

就兩岸關係來說，王健全認為雙方就像鰻魚與鯰魚的關係。以前臺灣人把鰻魚賣到日本，因為路途顛簸，九成鰻魚都會在路上死掉，後來放入幾條鯰魚「刺激」那些鰻魚，結果九成鰻魚都活下來了。「臺灣就像鯰魚，大陸是鰻魚，兩岸應當合作起來。」反之，上海自由貿易區也對臺灣自由經濟示範區產生競爭壓力，促使臺灣經濟加快自身開放與提升。

林建甫認為兩岸在金融領域合作大有可為。金融開放是上海自由貿易區六大重點的首要重點，但是大陸至今實行「雙元匯率」，影子銀行、地方融資平臺導致高利貸普遍，「這是相當可恥的」。因此，一方面貨幣嚴重超發，

另一方面居然還鬧錢荒，因為錢被綁架到房地產等不能動的地方了。林建甫建議上海自由貿易區要「借東風」，藉助臺灣金融機構扶持中小企業，也為自由貿易區金融將來高度開放「操練兵馬」。

林建甫表示，上海要想成為與紐約、倫敦、香港同等級的國際金融中心，需要解除相當多管制。自由貿易區提出了人民幣自由匯兌、人民幣跨境使用、利率自由化等三個開放重點，單單一個人民幣兌換問題就足以拖住整個進程，更不用說人民幣跨境使用、利率自由化了。全球自由貿易區均沒有外匯管制，只有上海自由貿易區有，另外利率市場化最關鍵的存款利率上限至今沒取消。

臺灣在 1980 年代取消存放款利率管制，1987 年解除外匯管制，1990 年代初開放民營銀行，臺灣金融界制度、管理與國際接軌時間早，銀行和擔保、融資、租賃等非銀行金融機構在大陸比外資銀行有較強適應能力。林建甫強調，上海自由貿易區要實現金融改革目標，需要發展更多市場避險工具，金融市場必須更自由。臺灣在國際市場早走了幾十年，金融工具發展成熟，大陸應該引入臺金融業的新觀念和競爭機制。

黃智聰表示臺灣應當積極調整產業發展策略，讓醫療、文創、連鎖加盟等優勢產業投資自由貿易區，把臺灣打造成為亞太人才培訓基地，為上海自由貿易區輸送人才，讓上海自由貿易區變成臺灣產業提升的踏腳石。同時，臺灣自由經濟示範區在不損及臺灣農業發展前提下，大幅開放大陸原物料及農產品進口，加工後貼上「臺灣製造」品牌出口，提升臺灣農業競爭力。

黃智聰說，大陸在設立自由貿易區的中央與地方分工合作高效做法，值得臺灣自由經濟示範區學習，自由經濟示範區應在臺灣規劃推動下，部分交由地方政府自行提出規劃並參與推動，減少政府負擔，加速推動進程。

第一部分 PART ONE 宏觀驅動

第二章　一波三折的臺經濟特區之路

　　四面環海的臺灣島，吹拂著來自太平洋的風，這種地理環境，造成外向型經濟幾乎是臺灣的宿命。數十年來，臺灣的幾次經濟特區實踐，都與全球脈動息息相關，經濟特區成效完全取決於對外開放程度大小。

　　2013 年 8 月 8 日，臺灣自由經濟示範區正式上路，分兩階段實施：第一階段在現有的「六海一空」自由貿易港區基礎上，以港區為「前店」，以附近的工業區、科技園區、加工出口區等為「後廠」，連接「前店」與「後廠」，功能從原有港區的自由貿易擴及自由投資、自由金融以及人員自由往來等；第二階段是臺立法院通過自由經濟示範區特別條例，全臺各縣市可向中央申設自由經濟示範區。

　　自由經濟示範區是馬英九「黃金十年」活力經濟的主軸，這個類似「經濟特區」的試驗，在馬英九競選首任總統時就提出，馬總統第二任就職典禮時強調要透過自由經濟示範區這個「自由化櫥窗」，把臺灣打造成自由貿易島。

　　經濟特區是一個開放窗口，從這兒吹送出來的風，曾經深刻改變了大陸的經濟生態，使大陸經濟開放從幾個特區窗口，擴散到沿海一線，再由東往中往西依序遞進，為大陸 30 多年來的經濟奇蹟打下了根基。在臺灣經濟的開放歷程中，沒有出現「經濟特區」一詞，不過類似實踐一直在延續著，並影響著未來。

四次特區實踐，兩次經濟飛躍

　　1966 年，時任臺經濟部長的李國鼎催生了高雄加工出口區，這是臺灣最早的「經濟特區」。1980 年代，臺灣經濟雄踞「亞洲四小龍」之首，正是得益於臺灣的加工出口模式。這模式造就了高度外向型經濟，使臺灣深度融入全球經濟體系之中，該模式並影響到大陸改革開放以來的經濟發展模式。

　　1980 年，新竹科學園區誕生，使臺灣搭上全球半導體產業的發展浪潮，這是臺灣的第二次經濟特區實踐。因為這次實踐，帶動了臺灣產業從傳統製

造業向高科技產業的升級，為臺灣成為全球「電子代工王國」奠定了堅實基礎。兩次特區實踐，促成了臺灣經濟的兩次飛躍。

1995年，廈門大學臺研所最早提出「海峽西岸經濟區」概念，當時臺灣高層連戰、蕭萬長、江丙坤和台塑創始人王永慶都積極響應，大力推動「經貿特區」。經貿特區擬包括雲林縣的麥寮工業區、嘉義縣的離島工業區、彰化縣的彰濱工業區，把三個工業區整合起來，以臺中港為門戶，與「海峽西岸經濟區」對接。

不過在第二年，李登輝剛選上總統後即緊急喊停，宣布兩岸經貿要「戒急用忍」，從此連戰、蕭萬長、江丙坤不再提「經貿特區」一詞，這次特區摸索就這樣胎死腹中。

2005年，臺灣開始設立自由貿易港區，它類似於大陸的保稅港區，這是臺灣第三次設立的「經濟特區」。目前，臺灣已有多個自貿港區，包括宜蘭蘇澳港、基隆港、臺北港、臺中港、高雄港、臺南安平港，以及桃園機場，即「六海一空」。自貿港區主要功能在貨物貿易的自由流通上，強調物流、倉儲服務便捷化。起初受限於兩岸尚未直航，2008年兩岸直航以後卻碰上全球金融海嘯、歐債危機等劇變，全球出口大幅收縮，很大程度影響了自由貿易港區作用的發揮。

2008年馬英九競選首任總統時，提出要重啟「經貿特區」，2010年易名為「經貿營運特區」。廈門大學臺灣研究院經濟所所長唐永紅表示，馬英九首任的「經貿特區」，規劃以優惠的稅收、用地、用工政策，以及便利的人力、貨物流動，來吸引臺資回流和外資入駐，這與大陸經濟特區主要「吸引外資」的功能有所不同。

2012年馬英九在總統第二任就職演說中表示，規劃設立自由經濟示範區，這是臺灣邁向自由貿易島的關鍵一步。唐永紅解釋，與自由貿易港區相比，自由經濟示範區面積更大、功能更多元，自由貿易港區只是港口的一小部分，自由經濟示範區則可擴大至整個港口城市，功能上也從貨物貿易擴大到服務貿易、投資、金融自由。

▍「自由」尺度，拿捏頗費思量

2012 年 5 月 20 日，馬英九在總統第二任就職演講中說，臺灣要從五大支柱提升競爭力，讓臺灣在接下來四年脫胎換骨、邁向幸福；其中，強化經濟成長動能是提升臺灣競爭力的第一大支柱，而經濟動能的核心，在於經濟環境自由化。

馬英九在競選第二任總統期間，提出「黃金十年」規劃，把建立自由經濟示範區作為重大經濟建設方案，此事交由「經建會」主導推動。不過，這一重大經濟建設方案規劃內容多次調整，2012 年有「尹啟銘版本」，2013 年有「管中閔版本」，示範區如何「自由」，可謂各說各話。

2012 年，時任「經建會主委」尹啟銘推出的方案，規劃要把自由經濟示範區建成亞太產業創新整合中心、國際物流中心、國際人才培訓中心、亞洲重症與觀光醫療中心、農產品加值運銷中心等五大中心，選址高雄進行試驗。

2013 年 2 月，管中閔接任「經建會主委」，立馬對前任方案進行大幅調整，五大中心砍掉國際人才培訓中心，合併國際物流中心、農產品加值運銷中心。至於試驗地，管中閔在臺灣北、中、南「多點出擊」，並且「每個地方特性不完全一樣」。

對於示範區重點產業，管中閔強調不排除製造業，但最重要的是高端服務業，突出「服務業試驗區」概念，示範區以擴大與升級現有自由貿易港區作為基礎。對於示範區如何實現「自由經濟」，尹啟銘的思路是，區內人流、金流、物流要高度便捷，各類生產要素自由化後結合臺灣產業、人文、地理優勢，推動臺灣成為亞太自由經貿中心。

自由經濟示範區的本質在於「境內關外」，以特別優惠的用地、用工、融資、稅收政策，促進人流、物流、金流、資訊流自由流動，來吸引資金入駐。臺灣中華經濟研究院副院長王健全認為，臺灣自由經濟示範區應具備三個特點：自由流動，包括人才流、貨物流、資金流、資訊流等「四流」；市場開放，向陸資在內的外資開放；國際接軌，租稅、融資環境與國際看齊。

王健全介紹，自由經濟示範區集中在四大領域：智慧運籌、國際醫療、農產加值、產業合作。示範區內製造業陸資比照外資，服務業陸資則低於 WTO 待遇。至於產業合作部分，許多內容仍處在盲人摸象階段，每人摸到部位各不相同，沒有一個定論。

全球夢想，從示範區到自貿島

「我有一個夢想，就是臺灣能成為自由貿易地區！」臺灣電機電子公會理事長、金仁寶集團董事長許勝雄曾深情地表示。

沒有人會比商人更深切體會到全球化給臺灣帶來的好處。宏碁電腦創始人施振榮說，臺灣素質最高的是醫生，可他們的收入遠不及電子新貴，原因就出在臺灣電子新貴的產品和服務行銷全球，而醫生只服務臺灣市場，這就是全球市場帶來的好處。

特別在「東盟 10 ＋ 6」一體化日漸成形的今天，臺灣被邊緣化的焦慮感與日俱增，馬英九一直念茲在茲要把臺灣建成亞太營運中心，迫切讓臺灣藉此融入區域經濟一體化，進而融入經濟全球化。

臺灣正面臨日益嚴峻的全球競爭環境。在全球貿易版圖當中，這十幾年來，臺灣貿易權重逐年下降。作為臺灣經濟最主要的競爭對手韓國，與美國的自由貿易協定已在 2012 年 3 月生效，中國大陸與日、韓的自由貿易協定談判也在 2013 展開了磋商。

近年來，兩岸貿易金額逐年遞增，但兩岸貿易在大陸外貿中的比重逐年下降，相反，大陸對韓貿易在大陸外貿版圖中的份量卻在加重，這引起了臺灣的高度焦慮。中國大陸與韓國一旦完成自由貿易協議的簽署，臺灣絕大部分出口產品將受到韓國衝擊。

全球經濟重心正快速向亞洲移動，臺灣必須改變保護主義思維，打造一個真正自由開放、與國際接軌的經濟環境。要想實現經濟自由化，一定得將臺灣打造成「自由貿易島」，馬英九在兩次競選總統時均提出該主張。

唐永紅所長稱，臺灣是典型的島嶼經濟，腹地很小、資源很少，只有朝自由經濟的方向發展，政策上形成「磁吸地」，才能吸引全球投資人的目光，否則很容易被邊緣化。

「香港向全球開放，所以成為全球最自由經濟區，吸引了全球商人，臺灣應該朝香港方向努力。」唐永紅表示，香港的貿易、投資、金融往來高度自由，然而它是一個城市，臺灣情況則複雜得多，島嶼面積較大，南北經濟差距大，自由貿易很難一步到位，需要分階段、分地域做起。同時，臺灣的產業門類繁多，如果一步到位學習香港，必將面臨巨大的產業衝擊。因此，要先搞自由經濟示範區，透過示範區在租稅、用工、物流等方面積累經驗。

馬英九希望高雄能扮演示範區的「火車頭」角色，打造成全臺自由經濟示範區的範本。臺灣經濟北強南弱，如果高雄能以自由經濟示範區為契機，重振世界大港雄風，就能對臺灣南部經濟產生巨大輻射力、拉動力，縮小南北差距。

「數百年來，臺灣都是外向型經濟，在經濟全球化的今天，臺灣應當以ECFA《兩岸經濟合作框架協議》為契機，成為外商進入大陸的平臺，以及陸商走向全球的平臺，使臺灣經濟深度融合於全球經濟大潮中。」金仁寶董事長許勝雄稱。

擁抱陸資，成為大陸對外門戶

然而，時至今日，臺灣對陸資一直抱持十分矛盾的心態：一方面島內經濟活力不足，公共建設沒錢，急需陸資馳援；另一方面恐懼「巨無霸」陸資闖入之後，會來個「木馬屠城」，沖垮島內諸多產業，傷害臺灣經濟安全。

這種心態在綠營勢力的炒作之下，變得更加謹慎保守，防弊有餘，開放不足，使得陸資幾年來在島內一直裹小腳前行。這種狀況如果不改，將很大程度影響臺灣自由經濟示範區的實施，以及未來邁向自由貿易島。

當前臺灣規劃的自由經濟示範區，希望以「特別法」方式，排除現有「法律」限制，大幅鬆綁政策，實現示範區「境內關外」的特殊待遇，使得人員、資金、貨物在區內自由流通。

然而，目前方案仍對陸資與外資給予了差別待遇。自由經濟示範區內，國際醫療部分禁止陸資進入，農產加值部分規定大陸原物料生產的商品不能在臺銷售，並且限制陸勞進入區內，所以自由經濟示範區對陸資來說並不「自由」。

中國社會科學院臺灣研究所王建民研究員介紹，示範區將給予外資「超WTO待遇」，給予陸資則是「WTO正常化待遇」。「這樣的特區，還能吸引陸資嗎？」王建民批評稱，在兩岸經貿往來中，大陸在對待臺資與外資政策上，臺資享受「同等優先、適當放寬」待遇，還制定專門保護臺商權益的法律；臺灣對陸資卻總是「另眼看待」，陸資矮人一截，這值得深刻檢討。

造成陸資在島內不平等待遇的一個重要原因，是民進黨的竭力阻撓。在島內藍綠勢力「你死我活」的政治生態中，執政黨要推行的政策，幾乎都會遭遇反對黨的嗆聲、杯葛、抗議。民進黨立法院黨團召集人柯建銘就宣稱，自由經濟示範區「鬆綁資金、外籍勞工與租稅優惠」，目的是「配合大陸資金」。

如今，世界經濟重心往亞洲轉移，而亞洲經濟重心往中國大陸轉移，在這一世界格局的大變動中，馬英九提出要連接大陸、融入亞洲、走向世界的戰略，一改李登輝、陳水扁時期對大陸封鎖往來的政策。

但是，與大陸經貿往來時，臺灣的「保護主義」依然根深蒂固。舉例說，臺灣所有貨物都可賣到大陸，而大陸的貨物約有兩成（2200多項）至今不能賣到臺灣，其中約830項農產品不能銷往臺灣，占農產品總數的近四成。馬英九從2008年執政以來到2013年底，沒有新增開放一項大陸農產品進口。

《遠見》雜誌創始人高希均稱，一個以外貿為主的臺灣，居然一直可以靠兩面手法生存──輸出時要貿易自由，進口時則設有種種限制。臺灣前「國安會秘書長」蘇起指出：「保護主義是全臺灣很大的問題，對長遠政經發展非常不利。」

臺灣「半導體之父」張忠謀也曾表示，臺灣經濟最大罩門是缺乏對外開放，過去20多年臺灣與成為大陸對外門戶的契機擦身而過，臺灣應當仿效香港成為大陸門戶。

ECFA為臺灣成為大陸門戶創造了歷史機遇。許勝雄說，ECFA使臺灣成為一個重要平臺：一方面由於對大陸投資環境較陌生，許多外商會選擇從臺灣進入大陸市場；一方面大陸企業由於對外面的投資環境較陌生，很多也會從臺灣進入全球市場。

　　機遇女神已經頻向臺灣招手，臺灣能否把握機遇、抱住女神，取決於能否驅除「保護主義」心魔。只有揮別心魔，臺灣才有自由經濟的土壤，才有自由貿易島的春天！

第一部分 PART ONE 宏觀驅動

第三章 「金」鑰匙開啟海峽西岸經濟區對接臺灣之門

作為兩岸相隔最近的海上雙城，在波濤翻滾的臺灣海峽間，廈門金門似乎在拉著兩根長長的線，把兩岸緊緊牽連起來。今後海峽西岸經濟區對接臺灣，金門仍是最理想的突破口。

2013 年 7 月 6 日，週六，正值酷暑時節。金門縣長李沃士可沒閒著，在廈門椰風寨主持完廈金橫渡開游儀式之後，立馬奔赴廈門大學參加一個兩岸區域合作論壇，該論壇聚焦於海峽西岸經濟區與臺灣的區域合作上。

李沃士先是播放了十幾分鐘的金門形象宣傳片，然後發給每位與會嘉賓一本《金門讚地》宣傳冊，他幽默地說：「過去金門是戰地，如今是讚地，請大家給金門按一個讚！」

金門「連接廈門」的衝動向來強烈，除了廈門的地緣因素之外，廈門不斷增強的「磁吸效應」也是重要原因，特別是當前廈漳泉推進同城化建設，金門也想融入其中，李沃士特別強調了現階段融入廈漳泉同城化的幾大設想。

以往，在兩岸人員交流進程中，金門扮演了前鋒角色，廈金航線成為兩岸人員往來的黃金水道；今後，在兩岸經濟融合過程中，金門仍將扮演前鋒角色，它是開啟海峽西岸經濟區與臺灣合作之門的「金」鑰匙。

▎廈金航線邊緣化，金門很憂心

金門歷任縣長都十分重視與廈門搞好關係，可是在這兩年，李沃士縣長比起前幾任，更多了幾分「只爭朝夕」的緊迫感。

2001 年，廈金間通航，每年運載旅客量高速成長，廈金航線不僅開創了「三通」先河，也是「三通」的最重要航線。然而，廈金航線漲勢在 2012 年走到了拐點，這年載客量首次逆成長，同比減少百分之一點多；2013 年前 5 月，同比減少 11%。

金門大學國際暨大陸事務學系主任邱垂正以為，廈金航線邊緣化最主要原因是兩岸「三通」迅速壯大，從 2008 年兩岸開啟「三通」至 2013 年上半年，兩岸海上直航港口已達 80 個，空中直航航點達到 64 個，每週空中直航 600 多班次。

兩岸「三通」對廈金航線產生了替代效應，原先兩岸無法直航，往來要繞道香港，許多民眾選擇快速便捷的廈金航線，如今兩岸到處可直接對飛，廈金航線便捷優勢喪失。所以，2013 年前 5 月，走廈金航線的陸客減少 27%，而同期陸客赴臺總數卻增長了 18%。

金門因為遠離臺灣島，不易受臺灣經濟輻射，必須利用廈門的地理優勢，拓展大陸廣闊腹地，連接大陸商機，而金門經濟借力廈門的前提是改善廈金交通，水路加大加強廈金航線，陸路則要建廈金大橋。

邱垂正說，在兩岸人流、金流、物流、資訊流方面，金門最有條件做的是兩岸人員流動，現今人流量巨幅下跌，金門百姓對此憂心忡忡，希望透過政策予以加持。2013 年 6 月海峽論壇推出新政，暫住廈門的大陸居民赴金一日遊延長至二日遊，同月兩岸兩會達成大陸供水金門共識，對金門經濟來說都是強心針。

海峽西岸經濟區送秋波，臺灣冷冰冰

金門很想得到大陸的政策加持，特別是得到海峽西岸經濟區的關愛眼神。可是，海峽西岸經濟區卻「心懷臺灣」，一心想著跟整個臺灣對接，近年來重點推出平潭綜合改革實驗區，想以此為最主要抓手，緊握住彼岸的手。

但實際情況不如人願。截至 2013 年上半年，海峽西岸經濟區在平潭實驗區已砸入 200 多億美元，僅吸引來約百家臺企投資額 3 億多美元。臺灣競爭力論壇執行長謝明輝指出，海峽西岸經濟區與臺灣對接，臺灣的態度冷冰冰。海峽西岸經濟區伸出熱情的手，臺灣卻以冰冷的臉相迎。

為何會如此？臺灣中華經濟研究院副院長王健全觀察，臺灣不敢與海峽西岸經濟區對接，因為怕被「矮化」，所以就以自由經濟示範區跟海峽西岸經濟區對接，兩岸由「特區」相對接，「在政治上比較正確」，如果臺灣跟海峽西岸經濟區對接，「首先在政治上就不正確了」。

臺灣經濟研究院國際處副處長吳福成直指，海峽西岸經濟區產業水平、綜合競爭力處於大陸的中段班，海峽西岸經濟區經濟總量小、腹地小，據臺灣學術機構報告，在中國—東盟自由貿易區框架下，海峽西岸經濟區生產能力受衝擊幅度很大，這種狀況不容易說服臺灣與之合作。他說，海峽西岸經濟區經濟如果能「超珠（三角）趕長（三角）」，臺灣企業界自然蜂擁而來，企業是非常現實的。

吳福成進一步稱，現實情況海峽西岸經濟區對接臺灣是不可能的，以平潭為主要抓手對接臺灣也是不足取的，雖然平潭距臺灣本島最近，但是相當多臺灣人認為平潭是「一國兩制」試驗田，反彈很大；同時，平潭受制於颱風頻發、水資源匱乏、硬體落後等因素，臺灣業界興趣低。

「廈門、平潭是一隻鳥的兩個翅膀，這樣海峽西岸經濟區才會飛得穩，閩臺合作才會鞏固。」吳福成強調。因此，海峽西岸經濟區仍應重點發揮廈門在對臺合作上的獨特作用，而廈門對臺合作，金門是最合適的一把鑰匙。

廈金感情深，合作可期待

邱垂正講述了一個小故事。一天他在飯店大廳看到一個小女孩對著鏡子跳舞，越跳越貼近鏡子，最後臉貼在了鏡子上面。邱垂正好奇地詢問，女孩回答說，在鏡子裡能看到自己下一步將要做什麼動作，心裡很喜歡。

邱垂正有所啟發，覺得女孩忘乎所以地對著鏡子跳舞，最主要動力是「可期待性」，她知道下一步將會看到哪個優美舞姿。廈金合作也是如此，若想雙方有動力，必須有「可期待性」，知道什麼階段將看到什麼結果。

相比平潭對接臺灣的茫然與不確定性，廈金合作就會具體而明確得多。廈金歷史上同屬於同安縣，「金不離同，同不離金」，歷史淵源深厚，長期形成了共同生活圈。20 世紀初，廈金才結束了同屬一縣的歷史，但共同生活圈仍在延續。直至 1949 年後廈金生活圈才被迫中斷，進入了數十年對峙期，「金門廈門門對門，大砲小炮炮打炮」。

新世紀廈金航線啟航後，兩地民眾恢復了熱絡往來，金門民眾在廈購房置業成為風氣，廈金生活圈成為熱議話題。廈門大學臺灣研究院鄧利娟教授

給出廈金合作的路線圖：修建廈金大橋，福建向金門供水供電，打造廈金經貿圈，形成廈金生活圈，最後是兩地共建自由貿易區。

按照這個路徑，阻力主要來自臺灣政府。以廈金大橋為例，臺灣內部不少觀點擔心大橋建成後，「金門就跟廈門統一了」。再如福建供水金門，福建和金門都很積極，然而臺灣消極對待，至今福建水無法解金門渴。

鄧利娟稱，廈金深度合作離不開兩岸高層支持，可考慮把該議題納入ECFA後續協商，兩岸先把廈金各自列為單邊自由貿易區，待條件成熟時打通成統一自由貿易區。

從廈金生活圈到廈漳泉金同城化

廈金建設自由貿易區是遠期目標，兩岸學者認為近期應該以廈漳泉同城化為契機，先推動廈金同城化（包括廈金經貿圈和生活圈內涵），進而形成廈漳泉金同城化。

廈大臺研院經濟所副教授石正方稱，同城化指打破市場壁壘，活化資源，把廈漳泉整成一個大都市區，具體包括發展規劃、基礎設施、公共服務、產業發展、要素市場等同城化，從而實現社會、經濟、文化一體化。2012年廈漳泉同城化推出了近20個項目，2013年再推約40個項目。石正方建議，金門可沿循廈漳泉同城化路徑，以項目帶動部門合作，先跟廈門進行同城化，再擴展至四城同城化。

李沃士縣長透露，金門應在廈漳泉同城化中扮演角色，現階段主要開展如下合作：一、文化交流，廈金共同以閩南文化、戰地文化申請世界遺產；二、觀光旅遊，鼓勵在三城的遊客路線延伸到金門；三、基礎建設，水電、機場共建，港區共用；四、人才教育合作；五、醫療資源共享。

謝明輝表示，廈漳泉金經貿生活圈有1400萬常住人口，加上外來人口可達2000萬，金門經濟如果由此蒸蒸日上，就有足夠說服力向臺灣說明對接海峽西岸經濟區的好處。他強調，海峽西岸經濟區要想與臺灣成功對接，雙方一定要進行良好的溝通，而這把溝通之鑰是金門，臺灣會看著金門對接海峽西岸經濟區究竟得到了什麼好處。

四城同城化之後，廈金將在經合之路上更進一步——共建廈金自由貿易區，這也是兩岸共同市場之路上的先行先試。

從廈金自由貿易區到兩岸共同市場

近年來，無論在不同經濟體之間，還是在一個經濟體內，自由貿易區呈現出蓬勃發展勢頭。2013 年 7 月 3 日，國務院常務會議原則通過《上海自由貿易試驗區總體方案》，在上海外高橋保稅區等 4 個海關特殊監管區域內，建設上海自由貿易試驗區。另據透露，平潭綜合改革實驗區也力爭要從海關特殊監管區過渡到自由貿易區。

如果廈金共建自由貿易區，則又是一種全新的嘗試，它有別於在經濟體之上的自由貿易區（如中國—東盟自由貿易區），也別於一個經濟體內的自由貿易區（如上海自由貿易區）。福建社科院亞太經濟研究所助理研究員王媛媛稱，廈金自由貿易區雖是一種跨境經濟合作區，但不同於經濟體之間的區域整合，它是一種次區域經濟整合，但是它又不同於長三角、珠三角這種次區域經濟整合。

王媛媛分析了廈金發展跨境經濟合作的優勢：兩地地理相近，人文相通，經貿往來有一定基礎，互補性強，所以兩地有條件封關運作、協同發展，實施貿易、投資、金融、人員自由流動的特殊政策。

廈門大學臺研院經濟所所長唐永紅表示，廈金本身沒什麼資源，適合發展外向型經濟，可是由於兩地距離太近，各自發展很容易過度競爭，必須一體化發展，先建單邊自主的自由貿易區，再連接成一體的自由貿易區，最後形成廈金共同市場。

廈金共同市場一旦形成，將是兩岸共同市場的積極實踐。兩岸共同市場於 2000 年由蕭萬長提出，其借鑑了歐盟發展經驗。廈門大學兩岸金融研究中心主任莊宗明介紹，歐盟從 1951 起建設，1957 年結成自由貿易區內涵的歐洲共同體，1968 年形成關稅同盟，成了共同市場，共同市場之後是經濟同盟（也稱貨幣同盟）。兩岸締結貨幣同盟之日，就是兩岸經濟一體化終極目標實現之日。

▍更遠的期待：從自由貿易區到政治特區

　　作為兩岸相隔最近的海上雙城，在波濤翻滾的臺灣海峽間，廈門金門似乎在拉著兩根長長的線，把兩岸緊緊牽連起來。從冷戰後大陸首個對臺經濟特區廈門，到兩岸首次簽署的協議《金門協議》，到廈金首航，再到海峽西岸經濟區 20 城居民赴金自由行、暫住廈門的大陸民眾赴金個人遊等，廈金扮演了相當吃重的試驗角色。

　　將來，這種試驗功能不該減弱，而應增強。廈金合作之意涵，不僅體現於經濟層面，更體現於政治層面。兩岸政治融合難度遠大於經濟融合，這正是廈金試驗的廣闊空間。

　　早在2008年4月的臺灣競爭力論壇上，謝明輝首次提出「廈金特區」（或稱金廈特區）概念。他說，海峽兩岸合作，需要尋找一個槓桿、一個支點來撬動，而這個槓桿、支點就是廈金特區。

　　中國社科院臺灣研究所王建民研究員表示，特區通常包括三種情況：特別行政區（如香港、澳門），經濟特區（如廈門、深圳），綜合改革試驗區（如上海浦東、天津濱海、福建平潭），廈金特區該屬於哪一種，或者不屬於上面三種的任何一種？

　　王建民表示，廈金特區可從三方面來考慮：首先成為兩岸經濟合作實驗區（如廈金共同市場），其次成為兩岸社會一體化實驗區，最後成為兩岸和平實驗區。總體思路是立足經濟，放眼政治；立足合作，放眼統合。

　　臺灣競爭力論壇理事長彭錦鵬也贊同，廈金特區是兩岸政治、經濟、社會、生活結合的試點。兩岸統合學會理事長張亞中認為，廈金特區最重要意義在政治層面，它將為中華民族統一作出重要貢獻。

　　當然，廈金特區這一步很遙遠，只能一步步來。張亞中感慨地說：「廈金特區就先從建廈金大橋開始吧！有了橋才有想像，有了橋才不會有距離的感覺。來回多跑幾趟，兩地自然融為一體了。」

　　橋，一個多麼美好的意象！她能化解人們的猜忌、隔膜，她能讓敵人變成朋友，讓天塹變成通途。廈金特區太遙遠，廈金大橋「可期待」！

第四章　ECFA 對臺紅利：一扇門、一座橋、一條路

　　ECFA 好比兩岸經貿合作大廈的框架，沒有框架不成大樓，沒有 ECFA，兩岸經合就只能永遠停留在淺層面。臺灣借 ECFA 深度連接大陸，不僅得到了大陸市場，也獲得了全球自由經濟的入場券。

　　2013 年 6 月 21 日，第九次兩岸兩會簽署了《兩岸服務貿易協議》，這是 ECFA（兩岸經濟合作框架協議）四大後續協議之中，繼《兩岸投資保障和促進協議》之後的又一重要進展。

　　2010 年 6 月，兩岸簽署了 ECFA，這是兩岸首個制度性經濟合作協議，兩岸經濟合作開始有了制度保障，具有里程碑意義。幾年過去了，我們該如何看待 ECFA 已經帶給臺灣，或者將帶給臺灣的紅利？

▍之一：打開大陸市場的一扇門

　　近兩三年，臺灣石斑魚成了臺灣農產出口大陸的明星產品。據臺灣「農委會」統計，石斑魚外銷大陸數量由 2010 年的 4159 噸，增至 2011 年的 7877 噸，2012 年更達 12309 噸；出口值相應由 2010 年的 4206 萬美元，增至 2011 年的 1 億 204 萬美元，2012 年達 1 億 3102 萬美元。

　　在 ECFA 早期收穫清單中，臺灣 18 項農漁產品入列，包括石斑魚、虱目魚、橙子等，其中虱目魚外銷大陸數量 2010 年僅 16 噸，2011 年成長至 913 噸，2012 年為 906 噸；出口值由 2010 年的 7 萬美元增至 2011 年的 248 萬美元，2012 年達 319 萬美元。

　　根據 ECFA 早期收穫計劃，這 18 項農漁產品出口大陸從 2011 年開始逐步降低關稅，2012 年銷售額達到 1.6 億美元，較 2010 年降稅前增長近 2 倍。2013 年這 18 項全部降為零關稅，銷售額隨之更上台階。

早收清單：最直接紅利

上述的 18 項農漁產品，是 ECFA 早收清單的一小部分。ECFA 在 2010 年 6 月 29 日簽署，當年 9 月 12 日生效。根據該協議，從 2011 年起正式實施早期收穫清單，這份清單分貨物貿易和服務貿易兩部分。

貨物貿易部分，臺灣出口到大陸的 539 項產品，以及大陸出口到臺灣的 267 項產品，3 年內（2011—2013 年）分三階段降到零關稅。到 2012 年底，臺灣出口大陸節省了 41.7 億元人民幣關稅，大陸出口臺灣節省了 23.3 億元新臺幣關稅。臺灣得到的關稅優惠大約是大陸所得的 8 倍。

以汽車零部件為例，ECFA 之前大陸對汽車零部件進口課稅 6%—10%，臺灣因為早收清單可以零關稅出口汽車零部件到大陸，相當於比其他境外廠商少了 6%—10% 的成本。2012 年前 10 月，臺灣銷往大陸的大型貨車用車輪及其零件，同比增長 15 倍之多。

早收中的服務貿易部分，大陸向臺灣開放了醫院、銀行、進口影片配額等 11 個服務業領域，臺灣向大陸開放了會議、展覽、銀行等 9 個領域。

早收清單是 ECFA 帶給臺灣的「開門紅」，特別是臺灣出口商拿到了實實在在的好處，並且這好處將會一年比一年多。

服貿協議：利好中小臺商

大陸臺商盧月香表示，ECFA 早收清單對於做出口生意的大企業幫助很大，但是對於臺灣中小企業幫助不明顯，而《兩岸服務貿易協議》涉及兩岸商貿、文化、餐飲、旅社等服務行業的互相開放，將對中小臺商帶來很大的實質幫助。

大陸臺商曾欽照說，無論是早收清單中的大陸服務業開放項目（例如金融），還是服貿協議中的服務項目（例如印刷、出版、美容、洗衣等），這些項目其實在 ECFA 之前就有臺商進入，但是這些臺商當時要以海外第三地公司名義投資，不能以臺商名義直接投資大陸。

ECFA 就把這些投資從地下轉到地面，臺商無需繞第三地轉投資，通常來說，規模較大的臺企比較具備海外設公司的條件，從而轉投資大陸相關服務

業。而中小臺商無法在第三地轉投資，所以 ECFA 的大陸服務領域開放，對臺灣中小服務企業幫助最大。

零關稅：好處「最大條」

有了 ECFA 這把鑰匙，臺灣業者不僅將打開大陸服務業之門，也將拓寬產品銷售大陸渠道。現在實行早收清單中的貨物關稅優惠共 806 項，僅是兩岸貨物貿易總品項的零頭，還不到總數的 1/10。2012 年臺灣出口額 3000 多億美元，其出口到大陸享受早收優惠的 539 項貨物，出口值僅 160 億美元，約占其總出口額的 5%。

ECFA 是兩岸特色的自由貿易協議，根據全球通行的自由貿易協議，簽約方絕大多數貨物將實行零關稅進出口。以中國—東盟自由貿易區為例，中國大陸出口東盟的 7000 多項貨物，東盟出口大陸的 7000 多項貨物，都會分步驟實行零關稅。

兩岸兩會接下來要簽署貨物貿易協議，解決兩岸貨物進出口的關稅減免問題。大陸是臺灣最大出口地，兩岸一旦簽了貨物貿易協議，對臺灣的意義尤其重大。

總之，ECFA 降低了臺灣商品銷售大陸的成本，提升了價格競爭力，有利於開拓大陸內需市場；同時，ECFA 的大陸超 WTO 待遇對臺開放服務業領域，將擴大臺灣商品在大陸的銷售範圍，也有利於臺商開拓大陸市場。

出口向來是臺灣經濟的「生命線」，恰逢現在大陸大力拓展內需市場，ECFA 可謂臺灣出口業的一場及時雨，落在了 2010 年的那個夏天，落在了遼闊的大陸市場上。

之二：連接全球貿易的一座橋

2013 年 7 月，中韓自由貿易區舉行第六輪商談，中日韓自由貿易區舉行第二輪商談。作為東北亞經濟實力最強的中、日、韓三個經濟體，一旦建成自由貿易區，將成為世界第三大經濟板塊。

中日韓自由貿易區的一舉一動，緊緊牽動著臺灣的敏感神經。特別是韓國的出口產品和出口地區，與臺灣有高度重疊性，臺韓出口有著「你死我活」的意味。

目前韓國產品出口到東盟、歐洲、美國幾乎都是零關稅，占韓國出口額的三成多，而臺灣出口這3個市場都要關稅，加上韓國正緊鑼密鼓與中國大陸洽談FTA（自由貿易協議），屆時出口大陸又將零關稅。

「臺灣如果沒跟大陸簽ECFA，就只有死路一條了！」臺灣海基會前董事長江丙坤稱。

區域經濟一體化大勢所趨

進入21世紀以來，區域經濟一體化在全球，特別在東亞風起雲湧，各經濟體之間紛紛簽署自由貿易協議，在WTO（世界貿易組織）成員正常化待遇基礎上，進而邁向貿易自由化。

十多年來，日本、韓國、新加坡、中國大陸等亞洲主要經濟體，基本上都各自對外簽署了10多個FTA，唯獨臺灣，因為兩岸因素，無法與主要貿易對象簽署FTA。

江丙坤早在1999年與新加坡總理吳作棟會見時，要求雙方簽署FTA，吳作棟說，「經濟上沒問題，政治上有問題」，沒有簽署。之後臺灣也與日本、美國等主要貿易對象談，都一一吃了閉門羹。

「政治上有問題」，指的是FTA是國際間的自由貿易協議，而臺灣屬於中國，所以不能與別人簽FTA。在20世紀末21世紀初，李登輝、陳水扁先後執政臺灣，大搞「臺獨」，兩岸官方沒能就臺灣對外貿易自由化進行商談，臺灣在貿易自由化進程中落後了全球十幾年。

臺商曾欽照表示，各經濟體簽署FTA是時代潮流，是融入全球化的一環，否則在全球貿易中勢必被邊緣化。

臺灣突破被邊緣化的關鍵

臺灣中央大學教授朱雲鵬認為，在地理位置上，臺灣比香港、新加坡位置優越，臺灣處在亞太區的中心點，更有機會成為亞太營運中心；而現實是，新加坡、香港充當了亞太樞紐角色。

據臺灣「經濟部」介紹，已跟臺灣簽署 FTA 的中美洲 5 個「邦交國」，占臺灣出口總額的不到 1%，而對於占臺灣出口比重近九成的亞洲、歐洲及北美市場，卻一直無法簽署 FTA，直到兩岸於 2010 年 6 月底簽 ECFA 之後終於有了突破。

ECFA 是兩岸之間的一個創造，是介於 FTA 與 CEPA（大陸與香港更緊密經貿安排）之間的一種設計。因為兩岸不是國與國的關係，所以大陸不接受臺灣對外簽署具有主權色彩的 FTA；臺灣也不想跟大陸簽 CEPA，覺得那樣被「矮化」成中央與地方的關係。ECFA 落筆於兩者之間，這種模式也開啟了臺灣對外簽自由貿易協議的新思路。

因此，臺灣要與美國洽簽的自貿協議不叫 FTA，改稱 TIFA（臺美貿易暨投資架構協定），就是要「去 FTA 化」，採用大陸能夠接受的提法。自兩岸簽了 ECFA 之後，新加坡、紐西蘭等國家也開始與臺灣洽談自貿協議。2013 年 7 月，臺灣與紐西蘭簽署了經濟合作協議，當年 11 月與新加坡簽署經濟合作協議，ECFA 成為臺灣突破被邊緣化的關鍵。

2013 年 5 月中旬，臺灣遠見民調中心對臺上市上櫃公司調查顯示，臺上市櫃公司最看重的自貿協議是 ECFA，其次是 TIFA，再次是東盟主導的 RCEP（區域全面經濟夥伴關係協定）。這是因為，大陸是臺灣最大出口地，美國居第二，而 RCEP 一旦成形，將是全球最大經貿組織。

ECFA 搭橋，從兩岸通向世界

一度雄踞「亞洲四小龍」之首，一度淪為「亞細亞的經濟孤兒」，臺灣經歷了光榮褪色之後的苦惱；如今，臺灣想要重新找回當年的美妙感覺，成為亞太經濟版圖中的樞紐。

這個樞紐正如棋盤中的一顆棋子，李登輝、陳水扁執政時，想方設法與大陸阻隔往來，臺灣成了一顆死棋，亞太人流、物流、金流盡可能繞臺灣而走，臺灣貿易勢力逐年衰減。臺灣在經濟全球化和區域經濟一體化進程中，飽受了被邊緣化的苦楚。

出口是臺灣經濟的最大驅動力，臺灣經濟重振雄風必由之路在於全球化，而一水之隔的大陸正從世界工廠變為世界市場，如果不與大陸往來，臺灣的全球化根本無從談起。

ECFA 為兩岸經濟合作提供了制度保障，開啟了兩岸貿易自由化之門，也搭建了臺灣與其他經濟體貿易自由化之橋。ECFA 使兩岸經貿關係日趨密切，臺灣不再是隔絕於大陸的「經濟孤島」，在 ECFA 的加持之下，臺灣正在從大陸走向世界，並將逐漸與全球自由經濟同頻共振。

之三：深耕臺灣產業的一條路

2012 年 11 月至 2014 年 10 月，臺灣實施臺商返臺投資 2000 億元新臺幣計劃，作為臺灣全球招商計劃的重頭戲。

幾乎與 ECFA 簽署同步，臺灣啟動了全球招商計劃，鼓勵外資、陸資、海外臺資投資臺灣，夯實臺灣產業根基，填補多年來產業外移留下的空洞。

自兩岸「三通」與簽署 ECFA 之後，大陸臺商返臺步伐顯著加快，「三通」降低了人員往來成本，ECFA 降低並將持續降低貨物往來成本，使臺商可在兩岸合理布局產業，「深耕臺灣」成為可能。

臺商回流，產業轉型與升級

曾欽照介紹，當初大批臺商遷到大陸，是因為臺灣的土地、人力資源昂貴，如今臺灣的這個問題依然存在，隨著人口老齡化加劇，勞力更不易取得。

這種情形下，遷移到大陸生產的臺商，如今即便在大陸也面臨工資上漲、土地及水電價格上漲等問題，但回臺繼續從事原有生產的可能性仍然很低，因為臺灣的生產要素價格依然高於大陸。

不過，臺資回流卻增長迅速，2007年首次突破百億元，2008年突破200億，2009年突破300億元，2010年破400億，2012年破500億元。從2012年11月啟動臺商返臺投資計劃以來，到2013年底，已吸引回流臺資近2000億新臺幣。這些金額絕大多數由大陸臺商所貢獻。

曾欽照分析，回臺投資的臺商，要麼是進入了不同領域，轉型做別的事情；要麼還是在原來領域內，提高技術水平，進行產業升級。例如長期以富士康公司深耕大陸的郭台銘，就籌劃要在臺灣建設超大型全自動化工廠，全流程基本由機器人完成，到時候一個偌大廠房，將很難見到幾個工人，滿眼將是智慧化的「鐵人」。

以「三通」、ECFA為代表的兩岸開放，使過去臺商被迫離開臺灣到大陸投資的必要性降低了，他們在臺灣同樣可以經略亞洲、全球市場，增加了他們回臺轉型與升級的誘因。

外商結盟，助推臺灣產業升級

ECFA不僅推動了臺商回流，而且大大提高了外商與臺商聯盟的積極性，以攜手拓展大陸市場。

以日企為例。臺企向來有求於日企，因為日企掌握了關鍵技術，臺企是日企的下游廠商；自ECFA打通了兩岸經濟合作「腸阻塞」之後，不少日企開始上門找臺企，希望雙方能夠結盟。

日本首相安倍晉三多次表示，日企單槍匹馬去大陸的成功機率低，如果能聯合臺商，機會就比較高。因為民族問題，日企與大陸企業及地方政府打交道難度大，他們與臺企合作後，便能藉助臺企在大陸的優勢。臺企從中得到的最大好處是日企的先進管理、技術，幫助臺企邁向產業鏈上游的技術研發。

一度鬧得沸沸揚揚一波三折的「鴻夏戀」（鴻海入股夏普），郭台銘看中的就是夏普的技術力量和工作效率，可增加鴻海的科技附加值；夏普則看中鴻海帶來的雄厚資金和廣闊市場，鴻海在大陸擁有規模巨大的工廠和市場。

臺灣與國際接軌早，外商與臺商的磨合時間較陸商長，加上兩岸經合的制度障礙隨 ECFA 而逐一被拆除，外商結盟臺商闖大陸增多，升級了臺灣技術水平，厚植了產業根基，有助於發展高附加值的新興產業。

貿易自由化，改善產業結構

兩岸兩會簽署的服務貿易協議，大陸給出了超 WTO 待遇，臺商進入大陸服務業條件優於一般外企，臺商迎來了擺脫代工、營銷品牌的大好時機。當下，大陸市場正從世界工廠變為世界市場，大陸培育的品牌極可能成為全球性品牌，在大陸成長培育的臺商品牌，很容易從大陸走向世界。

根據兩岸服務貿易協議，臺灣向大陸開放 64 項，臺灣的美容美髮、中藥批零、養老、印刷、出版等服務業將面臨大陸業者的競爭。島內綠營勢力為此杯葛服貿協議在立法院的審議，討伐政府「喪權賣臺」。

其實，開放是最好的練兵場，一方面自身優勢產業獲得了更大市場，自身劣勢產業則迎來浴火重生的機遇期。廈門大學臺灣研究院經濟所所長唐永紅認為，如果臺灣一些產業因開放而淪陷的話，正好說明臺灣業者應當有所調整，提高生產效率，或者增加附加價值，或者淘汰該品種生產，由此加快產業升級轉型，從而提升產業競爭力。

兩岸兩會再簽署 ECFA 的貨物貿易協議之後，兩岸絕大多數貨物進出口將逐步實現零關稅目標。貨物貿易自由化帶來的兩岸產品低產本流通，使得臺商能最大限度根據自身優勢，在臺灣生產核心零部件，設立研發、營銷總部。臺灣由此可在兩岸及全球的產業鏈條中，找到比較優勢，改善產業結構。

第五章　後 ECFA 時代，海峽西岸經濟區怎樣耕種「試驗田」？

　　海峽西岸經濟區是對臺經貿合作交流的試驗田，而 ECFA 是兩岸經濟合作交流的加速器，試驗田唯一出路是與 ECFA 比時間、比速度，否則試驗田便無從談起、名不副實。

　　2010 年 9 月中旬，ECFA（兩岸經濟合作框架協議）正式生效，兩岸經濟關係以制度化方式向正常化、自由化方向邁出了里程碑意義的一步。

　　ECFA 從兩岸整體層面制度性推進經濟關係正常化、自由化，這對於具有對臺經貿交流合作先行先試使命的海峽西岸經濟區來說，構成了新挑戰。「勢必給海峽西岸經濟區對臺經貿交流合作的政策和空間產生擠壓，海峽西岸經濟區原本獨有的特殊政策會相對削弱，光環不再那麼耀眼！」廈門大學臺灣研究院經濟所所長唐永紅強調。

　　唐永紅是福建唯一參與國臺辦 ECFA 專家諮詢的專家，近年來主要從事 ECFA 與海峽西岸經濟區戰略的研究，並向中央與地方多次建言。他提出的海峽西岸經濟區在兩岸經濟合作框架下先行先試的建議，寫進了國家加快海峽西岸經濟區建設的意見中，他研究的「ECFA 對海峽西岸經濟區先行先試戰略的影響及對策」，列入了福建省社科規劃研究項目。

　　ECFA 之後，海峽西岸經濟區「試驗田」該如何耕種？

再創對臺先行的政策優勢

　　唐永紅透露，在兩岸簽署 ECFA 之前，臺灣政府對海峽西岸經濟區的對臺「試驗田」有一定牴觸，認為這不僅「矮化」了臺灣，而且可能是大陸方面不願簽 ECFA，而想以海峽西岸經濟區替代 ECFA；不過在 ECFA 簽署以後，臺灣對海峽西岸經濟區「試驗田」基本上抱相對持平的看法，認為可以善用大陸支持海峽西岸經濟區的機會。

然而對海峽西岸經濟區而言，機遇到來之時，挑戰結伴而行。這主要表現在海峽西岸經濟區將可能面臨大陸諸多經濟區的競爭。

「海峽西岸經濟區對臺經貿交流合作先行優勢，體現在雙方經濟交流合作的自由化、便利化程度較高，如今 ECFA 讓大陸與臺灣經濟關係朝自由化方向推進，如果兩者的自由化程度一樣高，海峽西岸經濟區就不存在先行先試了，相對其他地區就沒有政策優勢了。」

唐永紅稱，果真如此的話，海峽西岸經濟區與長三角、珠三角經濟區相比，在經濟規模、產業配套、交通網絡、對外通道等方面都有不小差距，對臺資吸引力落後別人，因而唯有加快貫徹落實國務院海峽西岸經濟區意見中的先行先試政策，再創新的政策優勢，海峽西岸經濟區戰略才能卓有成效，這應該成為當前海峽西岸經濟區工作的重中之重。

▌「試驗田」要與 ECFA 連接起來

接下來的問題，海峽西岸經濟區再創對臺先行的政策優勢，有這個空間和可能嗎？唐永紅表示，因兩岸經濟體在發展水平、開放程度、關稅作用等方面有較大差異，ECFA 框架下的兩岸經貿自由化是一個循序漸進的漫長過程，這為海峽西岸經濟區先行留下了空間和必要性。

例如，早期收穫的貨物貿易只涉及 800 多項貨物，還不到兩岸貨物貿易總量的 1/10，即使在兩岸簽署貨物貿易協議之後，兩岸貨物貿易基本零關稅的目標也需分步逐漸實現。能否考慮在海峽西岸經濟區特定區先行先試貨物貿易自由化，扣除煙酒、奢侈品及其他少部分貨物之外，先行減免絕大部分臺灣貨物的關稅，這些貨物要從海峽西岸經濟區流向大陸其他區域時，再補上關稅。

唐永紅對此表示，海峽西岸經濟區先行先試戰略要與 ECFA 相連接，才可在 ECFA 新形勢下貫徹好國務院關於加快海峽西岸經濟區建設的意見，發揮海峽西岸經濟區戰略的功效。「當前在兩岸整體層面上沒有條件做的部分，或需要探索經驗的部分，可以讓海峽西岸經濟區先行先試，經貿活動自由化在海峽西岸經濟區與其他地區之間可以有一個階梯。」

▌局部自由經濟區的猜想

怎樣先行先試？唐永紅有一套完整的構想。針對兩岸貨物貿易自由化部分，可以把海峽西岸經濟區有條件的特定區域如廈門島劃為自由經濟區（或稱自由貿易區），實行自由貿易、自由投資、自由金融等政策，並採行「境內關外」的國際慣例做法，採取「一線放開、二線管住、區內自由」的海關監管模式，實行封關運作、管理，臺灣貨物自由進入，這些免稅臺灣貨物流向大陸其他地方時，再補上關稅。

唐永紅特別強調，不少人對「封關運作」存在一些誤解，以為「封關」會阻斷對內的人流、物流、資金流，其實香港、澳門、新加坡都是自由經濟區，這些地方並沒有因此而沉寂，反而因更加開放自由而活力四射。

他說，1980年代，中央就允許廈門實行自由港的某些政策，如今30年過去了，廈門更有條件往這方面發展，應該抓住機遇，做足對臺區位優勢，並以此擴大特區優勢。

海峽西岸經濟區是兩岸經貿合作先行區，廈門又是海峽西岸經濟區的重要龍頭，理應敢於大膽突破。唐永紅還暢想，廈門單邊實行自由經濟區，金門也在推動自由經濟區概念，等到將來條件成熟，廈金便可聯合成為一個自由經濟區，聯結起來封關運作。

考慮到廈門市的地理特點，他建議廈門本島建成以現代服務業為主的自由港，島外區域不好封關管理，不宜做自由貿易，但可以做自由投資、自由金融等，島外發展成為以先進製造業為主的自由經濟區，從而實現對全市產業空間的合理布局，並以此輻射、服務、帶動海峽西岸經濟區其他地區及海峽西岸經濟區整體產業經濟的發展。

▌強化兩岸金融合作試驗區

在服務貿易自由化部分，根據2013年6月兩岸簽署的ECFA四大協議之一《兩岸服務貿易協議》，大陸向臺灣開放80個項目，臺灣向大陸開放64個項目。大陸開放的80個項目均超出了WTO成員的正常化待遇，是正常化

基礎上的自由化；臺灣開放的 64 個項目，36 個項目達到了 WTO 的正常化水平，28 未達到此標準，因而仍在貿易正常化過程中。

兩岸服務業互相開放，同樣遵照循序漸進原則，以後會簽訂相關補充協議，繼續擴大開放領域，這為海峽西岸經濟區在服務貿易方面先行創造了空間。例如，臺灣銀行登陸實行「121」條款，即在大陸設立辦事處 1 年才能轉為分行、子行，分行或子行營業 2 年、最近 1 年盈利才能經營人民幣業務。唐永紅說，海峽西岸經濟區可在「121」基礎上更進一步，省掉第一個「1」，臺灣銀行過來就能直接設立分行、子行，並把第二個「2」改成「1」，營業 1 年並盈利就能經營人民幣業務，這些都是可以考慮的。

唐永紅表示，廈門要建成兩岸區域性金融服務中心，就得降低臺資金融機構市場准入門檻，配套金融活動自由化的特殊政策，促成貨幣兌換自由、資金流動自由、資金經營自由，甚至建成不受政府管制的離岸金融市場。

除了金融業外，海峽西岸經濟區還可大力吸引臺灣其他服務業入駐。他說，目前臺灣服務業占經濟總量七成，由於多年來製造業外移，造成臺灣服務業供給過剩，迫切需要在大陸尋求新的市場空間。海峽西岸經濟區在對臺服務貿易自由化方面先行先試，也將大大促進自身現代服務業的發展。

兩岸資本投資一視同仁

通常說來，經濟活動正常化之後是自由化，自由化又一般按照貨物貿易、服務貿易、資本投資與要素流動的順序而遞進，因為資本投資與要素流動自由化意味著共同市場，條件要求高，敏感度高。比如 ECFA 未開放大陸勞工赴臺，就是因為現階段兩岸工資水平相差較大，大陸勞工赴臺後會大幅拉低臺灣工資水平，這是臺灣工薪階層不願看到的。

兩岸將來發展水平拉近之後，才有可能實行資本投資與要素流動的自由化，形成兩岸共同市場，這將是長期的艱難過程。在這一進程中，大陸辟出一塊區域先實行投資自由化，便可有效降低風險。

唐永紅介紹，由於條件不具備，ECFA 目前沒有對兩岸投資自由化作出實質性安排，海峽西岸經濟區可在這方面發揮想像力。例如在大陸對外資「允

許、限制、禁止」三種類型中，海峽西岸經濟區除了禁止類之外，可率先把對外資「限制類」的項目向臺資開放。

投資自由化的最終目標是追求所有資本享受「國民待遇」，內外資投資領域一視同仁，准入門檻標準不分彼此並逐步降低，海峽西岸經濟區應朝這個方向對臺資開放。

新形勢下，海峽西岸經濟區仍然應該站在對臺交流的最前沿，這既是中央加快海峽西岸經濟區建設的要求，也是海峽西岸經濟區自身發展的需要。喪失了對臺優勢，海峽西岸經濟區將在大陸諸多經濟區中黯然失色。

所以，海峽西岸經濟區一定要抓緊時機，再領對臺交往潮流；否則，時間一過，機不再來。機遇不會等待一個行動遲緩之人，她永遠垂青於與時俱進的掌舵者。

第一部分 ONE PART 宏觀驅動

第六章　臺灣經濟「大悶鍋」

在 20 世紀，人們談起臺灣經濟，普遍想到「奇蹟」二字；可在新世紀，取而代之的卻是「悶」字。果真是世事滄桑，變幻難料，臺灣經濟正置身於「大悶鍋」之中。

2012 年 4 月中旬，臺行政院長江宜樺用一個「悶」字形容臺灣經濟，猶如一個高明的琴師，撥響了臺灣民眾心靈深處最柔軟的那根弦。臺灣商業總會張平沼理事長說，臺灣經濟就是一個「大悶鍋」，一語道盡臺灣經濟的集體焦慮。

一顆心被關在門內，就叫悶。臺灣經濟被困在網中，左衝右突多年，始終無法突破，困在網中的人們，憂鬱、煩惱、苦悶……

這樣的日子，何時是個盡頭？躑躅前行在陰暗隧道中的臺灣經濟，何時能見到洞口的亮光？

感受篇

臺灣中華生產黨主席盧月香：

基層沒享受到兩岸和平紅利

行政院長江宜樺是被馬英九提拔起來的，老百姓講悶，比他講更有資格。這幾年大陸遊客、大陸採購團赴臺轟轟烈烈的，但是從馬英九民調來看，從臺灣中小企業口袋來看，執政黨沒有找到發展經濟的出發點，「悶」字符合老百姓對執政黨的不滿。

我是馬英九的鐵票，在 2012 年大選期間投入了大量時間、人力、財力，動員中華生產黨黨員協助馬英九選舉，那幾個月我沒做過生意，一門心思輔選。可是馬英九執政後，經濟原地踏步，沒讓一般老百姓看到希望，這一兩年來經濟更苦。有大學生在島內找搬運工的活，都找不到，讓人很傷心。

1990 年代初，我在臺灣開了多家小超市，每天只要一開門，客人就絡繹不絕，買單都來不及。陳水扁執政前 4 年，生意還可以，2005 年以後就慢慢

衰退了。2008年馬英九上台後，開放「三通」、陸客、陸資，但是只有大的旅行社、飯店、景點受益，中小旅行社、小店看不到經濟好轉，許多小店被迫陸續關門。

我常跑基層，很清楚百姓心裡想什麼，我的很多黨員來自中南部，他們有時到北部開會，連買車票的錢都沒有，口袋已經掏空了。陸客團過來大把買珠寶，財團和大旅行社才能賺到錢。

我寧願來到大陸做生意虧本，也不願留在臺灣，臺灣看不到明天的希望，兩大政黨整天在鬥，族群分裂，一到選舉就狗咬狗，一開電視就看到政客吵架，煩死人了！一些人都不敢看電視了，不然就看文藝類的節目。

全臺灣有319個鄉鎮，每個鄉鎮的農民都透過鄉鎮農會銷售農副產品，農民手上的產品大部分銷不到大陸，大陸各地政府採購團到臺灣，基本上是和與國民黨和工業總會、商業總會等大協會有關係的農會對接，大部分農會沒有享受到兩岸和平帶來的發展紅利。

臺灣有幾個年輕人不想往大陸走的？然而人生地不熟，來到大陸的還是少數。兩岸交流一定要從官方拓展到民間，希望大陸各省經貿團能與臺灣的每個鄉鎮對接，採購他們的產品，同時邀請臺灣基層幹部前往各省交流，讓他們感受到祖國的關心、幫助，這樣的話，讓他們認同「一個中國」是很容易的。如果大陸經貿團只跟臺灣的大人物接觸，臺灣老百姓心裡會怎麼想？

大陸這些年經濟崛起，臺灣老百姓很想靠過來，卻不知怎麼靠，兩岸經貿活動應該給臺灣基層鄉鎮更多機會，讓基層百姓能夠來到大陸。我的一個黨員參加過國民黨30多年，可是連一次來大陸交流的機會都沒有，國民黨把交流指標給了能幫拉選票的人。

現在兩岸和平停頓在了這個位置上，臺灣經濟還會再衰退下去，2012年我的很多臺商朋友及其家屬含淚投票馬英九，並不是支持馬英九，而是我們不願看到兩岸和平再度中斷。馬英九在任期內，國民黨如果不推進兩岸關係，到時候，許多老百姓就會「換人做做看」，給國民黨一個教訓。

新北市房產中介商程書昌：

民間投資、消費信心萎縮

「悶」代表了大部分臺灣老百姓的心聲，他們薪水沒漲，物價年年漲，薪資跟不上通貨膨脹，感覺錢明顯變小了，特別是都市房價漲得飛快，越來越多年輕人買不起房，大學畢業生起薪才2萬多元（新臺幣，下同），而臺北一套100平方公尺房子要2000多萬元。房價成了都市民眾的怨氣之首，這造成大家消費信心不足。

消費市場萎縮，連帶影響到大家的投資信心，有錢人不想在島內投資，而一撥接一撥往大陸、東南亞投資，上班族也一撥接一撥背井離鄉，到外頭打拚生活。

政府執政無能，政策變來變去，支票不能兌現。官員講一套，百姓做一套，官民之間缺乏有效的溝通管道，官員抓不到百姓內心的癢處，變革舉措讓百姓「無感」。例如，中山高速公路五楊（新北五股—桃園楊梅）高架橋，跳票了好幾次，直到2013年初才通車。「政府」這種辦事方式和效率，百姓怎能不心生怨氣悶氣？

臺灣前立委曹原彰：

經濟猶如航船迷失了方向

臺灣上班族薪資十多年沒漲過，房價物價不知漲了多少，這些上班族怎能不悶？像我這種年紀的人，原來一年可以出境旅遊三五次，如今壓縮到一兩次，因為退休金縮水了。

大學畢業生起薪2.2萬元，我20多年前當記者時薪資有7萬多元，而我的博士女婿如今在新聞單位，月薪只有4萬元出頭。如果按照我當時的薪資推算，我女婿現在每月應該領11萬元才合理。你說年輕人悶不悶？

「政府」可以宣傳施政效果如何，GDP數字成長多少，可這些沒有用，年輕人、上班族、退休人員都無感，都很悶。就像一個爸爸說很愛孩子，可是孩子感受不到愛。

大陸經濟高速增長，人民收入大幅遞增，兩岸經濟一消一長，比較之下，原本具有優越感的臺灣人感覺更苦悶！

收入下降,造成生活品質下降,買衣服、上餐廳、出國旅遊,都要考慮再考慮,捉襟見肘的經濟狀況,使臺灣人花起錢來不再瀟灑。假如我在臺灣的生活品質只有 70 分,來到大陸有 85 分,那麼我為何不來大陸?

臺灣從李登輝到陳水扁執政期間,領導人只想把錢放在自己口袋,施政怎能不偏差?舵手在大海中只顧自己釣一兩條魚,而沒有把航船引向通往幸福的方向,當然會拖壞臺灣經濟。等到馬英九執政時,已經病入膏肓,如何治理?

今天的臺灣經濟猶如一艘船在海中亂漂,方向不明確,很迷茫;未來,許多臺灣人會很慘、很可憐!

▎解碼篇

冰凍三尺,非一日之寒。今日臺灣經濟之悶,是長期以來累積的結果。我們不妨從幾個關鍵詞切入,來解讀其中之悶。

關鍵詞 1:經濟低成長

經濟成長率是經濟表現的最重要指標,梳理這幾十年來臺灣經濟成長率,不難發現,臺灣經濟真可謂「王小二過年,一年不如一年」。

據臺灣主計處的統計資料,在 1978 年至 1987 年蔣經國執政期間,臺灣經濟年均成長 8.7%;在 1988 年至 1999 年李登輝執政期間,經濟年均成長 6.8%;在 2000 年至 2007 年陳水扁執政期間,經濟年均成長 4.1%;在 2008 年至 2012 年馬英九執政 5 年期間,經濟年均成長 2.9%。

從人均 GDP 看,2000 年臺灣約 1.5 萬美元,韓國約 1.1 萬美元;2007 年韓國突破 2 萬美元,而臺灣 2012 年人均才 20374 美元。

臺灣每一任執政者上台,經濟便明顯下了一個台階。馬英九可以怪罪自己執政期間,不幸遇上了全球金融風暴和歐洲主權債務危機,使得這個當初參加大選時承諾要讓經濟「馬上好」的馬總統,經濟增速卻創下了歷任執政者新低,也使他的民調更低於貪腐的陳水扁。

關鍵詞 2：失業節節高

與經濟成長率完全反其道而行之的是失業率，經濟成長率越來越低，失業人數卻如芝麻開花節節高。

同樣比較幾任執政者的就業貢獻度，蔣經國執政最後一整年（1987 年）臺灣失業率 2%，李登輝執政最後一整年（1999 年）失業率為 2.9%，陳水扁執政最後一整年（2007 年）失業率 3.9%。馬英九競選首個任期時，承諾要在 2012 年將失業率降到 3% 以下，可實際上，這年臺灣失業率為 4.2%。

失業大軍中，年輕人失業尤其嚴重。近年來，臺灣 20—24 歲的年輕人失業率通常在 12% 左右，大約是各年齡段平均失業率的 3 倍。同時，大學生失業率高於高職生、大專生，碩博士研究生失業率高於大學生，形成「學歷越高失業率越高」的怪象。

關鍵詞 3：薪資「凍漲」

臺灣人的薪資，十多年來「以不變應萬變」，任憑國際風雲變幻，「我自巋然不動」。

臺灣上班族在 1981 年的平均薪資 10677 元，1991 年升至 26881 元，2001 年升至 41960 元，2011 年微升至 45749 元。在 3 個 10 年當中，第一個 10 年薪資激增 1.5 倍，第二個 10 年成長近六成，但第三個 10 年僅成長不到一成。

如果把物價因素考慮在內，第三個 10 年薪資成長抵不過物價漲幅，實質薪資不進反退。臺主計處公布，2013 年上半年臺灣上班族實質月薪為 47557 元（扣除物價上漲因素），衰退到 1997 年水平。所以臺灣上班族做了一場「十年一覺凍薪夢」。

關鍵詞 4：房價炒高

薪資抵不過物價增速，口袋越來越扁，可是作為一般老百姓的最大宗消費品房子，價格卻在昂首闊步往上攀登。

從 2003 年至 2012 年的 10 年間，臺北市住宅一手房均價從每坪（1 坪相當於 3.3 平方公尺）39 萬元漲至 79 萬元，合每平方公尺 5 萬多元人民幣。雙職工家庭要在臺北市買一套 35 坪的新房，以 2012 年 30—34 歲年齡段的夫妻年均收入（合 92 萬元）計算，夫妻要大約 30 年不吃不喝才能買下房子。

2009 年底，在臺灣的網路民調中，都市房價成為臺灣民眾的「民怨之首」。據 2012 年的房價統計，新北市一手房每坪均價 33 萬元（合每平方公尺 2 萬多元人民幣），僅次於臺北。

關鍵詞 5：被邊緣化

出口是臺灣經濟最重要驅動力，其競爭力也在不斷弱化。蔣經國執政最後一整年（1987 年），臺灣出口額位居亞洲四小龍之首，排名全球第 11；李登輝執政最後一整年（1999 年），臺灣出口額跌落至亞洲四小龍第三，排名全球第 14；陳水扁執政末期，出口淪為亞洲四小龍之末，排名全球第 16。馬英九執政後，出口排名繼續滑落，2011 年排全球第 18，2012 年排第 17。

出口排名後退，反映出在全球經貿格局中，臺灣角色日益被邊緣化。馬英九宣誓要把臺灣打造成臺商的全球運營中心、外商的亞太運營中心。島內不少有識之士說要讓臺灣成為大陸對外的門戶，可如今看來，臺灣錯過了大陸經濟崛起、出口躍居全球第一的大好時機，沒有較好為大陸和海外搭建起交流平臺。

臺灣要想真正通向國際市場，防止被邊緣化，鑰匙其實握在大陸手上。李登輝採取「戒急用忍」的兩岸政策，陳水扁對大陸實行「有效開放，積極管理」，自縛手腳，自廢武功，讓臺灣困守孤島。馬英九對大陸採取「只經不政」策略，拒絕與大陸政治對話，也阻礙了臺灣快速融入區域經濟一體化和經濟全球化。

關鍵詞 6：產業空洞化

臺灣經濟不振，還有一個重要原因是產業空洞化，兩岸經濟一消一長，大陸快速崛起，猶如一個強大吸盤，把全球人才、資金、技術往裡吸附，自然也包括一水之隔的臺灣。

從 1990 年代以後，臺商大規模遷移大陸，許多是整個產業鏈在遷移，近年來不少遷移至東南亞，島內產業越發被掏空。在這個浩大的產業轉移潮中，臺灣沒有「騰籠換鳥」，傳統產業出走了，高新技術產業、現代服務業卻沒有很好地填補空洞，經濟慘淡，人員出走成潮。

時至今日，臺灣仍在全球產業鏈裡頭扮演低端的「代工」角色。代工就是為人做嫁衣，別人風風光光很滋潤，自己辛辛苦苦沒錢賺，即便是全球電子「代工之王」鴻海集團，其毛利也早已掉到了個位數。

第一部分 PART ONE 宏觀驅動

第七章 「民主化陷阱」造成臺灣經濟困境

全球正在席捲民主化浪潮，在這股浪潮下的臺灣，經濟每況愈下，經濟困局是民主化之陷阱嗎？民主化一定要付出這個巨大代價嗎？

2013 年 5 月 20 日，馬英九上任臺灣領導人 5 週年之際，正值臺灣暴雨肆虐，馬英九臨時取消 5 週年慶典活動，奔波於各地救災。在當天災情彙報會上，馬實在抵擋不住周公的召喚，被媒體拍下一度打瞌睡的畫面。

馬上任以來，想破頭發展經濟，可是臺灣經濟如同馬英九一般疲憊困乏。從 2008 年至 2012 年 5 年間，臺經濟年均增長率僅 2.9%，2013 年增長率僅為 2% 出頭，延續了二十幾年來臺灣經濟每況愈下的走勢。

中國社科院臺研所王建民研究員提出自己的觀察——臺灣經濟面臨的是結構性困境，乃長期累積形成，民主化陷阱是造成經濟困境的根本原因。

這個觀點可謂一語中的。臺灣經濟狀況整體上非常悶，表現為經濟低迷、失業高攀、薪資凍漲、房價過熱、產業外移、被邊緣化等，然而引發這些問題的除了外部因素之外，內部因素中最重要的是島內民主化之後，民粹意識高漲，執政者一味迎合民意，屈就反對黨，不敢有所擔當。

陷阱一：只要環保，不要產業

2013 年，要不要進行核四「公投」，如何「公投」，一直是島內熱議的焦點，反對續建核四力量從環保團體擴大到反對黨、媽媽聯盟、藝人圈等。核四爭議是環保與發展博弈的典型案例。

核四指臺灣第四座核電廠，1980 年提出建設計劃，1999 年開工建設，歷經蔣經國、李登輝、陳水扁、馬英九共 8 任總統任期，是全球建設時間最長的核電廠，也是臺灣拖延最久的公共建設案，工程預算已追加到 3300 億元（新臺幣，下同）。

如此耗資巨大的一項工程，如今卻面臨能不能「運轉」的考驗。特別是在 2011 年日本「311」大地震引發核災之後，臺灣民眾談核色變，反核力量一浪高過一浪。核四，臺灣社會難解的結！

難解的結還有「國光石化」。2005 年，「國光石化」項目列入臺灣「大溫暖大投資」計劃；2007 年，臺灣「中油」提出「國光石化」到雲林設廠的環評申請，未能通過；2008 年，又提出遷址彰化的環評申請，因當地沿海是白海豚棲息地，立即遭到環保團體強烈質疑。該項目歷經波折，很可能無果而終。

「國光石化」又稱「八輕」，是臺灣第八座石化輕油裂解廠，由「國光石化」公司提出興建計劃，包括提煉原油與乙烯，外加 25 個石化工廠的基礎建設，建成後每年產值預計 5000 億元。

近 20 多年來島內環保意識覺醒，環保運動高漲，「環保優先」超越了「經濟增長」，使得臺灣幾乎不再有重化工業發展，隨著核四久拖不決，核電工業也將逐步退出歷史舞台。石化、電力是製造業的基礎，在環境保護與產業發展之間，臺灣民意堅決地站在了環保一邊，產業靠邊站，這是經濟走下坡路的重要原因。

▎陷阱二：只要福利，不要交稅

臺灣財政收入捉襟見肘，稅收占 GDP 比重從 20 末的 20% 以上，降到了近年的 12% 左右，並且在逐年減少的財政收入當中，社會福利支出逐年增加，成為財政支出項目中的最大項。

從 1982 年到 2011 年 30 年間，臺灣經濟建設支出占財政支出比重從 25% 滑落到 14%，而社會福利（包括退休金）占財政總支出比從 14% 漲至 28%。經濟建設與社會福利的「此消彼長」，充分說明了經濟建設受到冷遇。

臺灣《遠見》雜誌創始人高希均稱，臺灣進入民選總統的民主化時代後，不論國民黨還是民進黨執政，在民意壓力下盡一切可能討好選民，寧可舉債度日，也不敢減少「白吃午餐」。「民主」政治變成了「民粹」政治，任何

一個政黨執政，都成了民粹的俘虜，得到短期「實惠」者，還認為「政府」做得不夠多。

因為財政緊張，臺灣對於基礎設施建設越發力不從心。桃園航空城是馬英九首任競選主張「愛臺十二建設」的重頭戲，也是連任競選主張「黃金十年」的旗艦計劃，預計投入4600多億元。不過，餅雖畫得很大，然而財政沒有錢，啃不動。「政府」不投入，民間資金沒信心，這個航空城說了整整5年，還在紙上談兵階段。

在福利支出方面，兩大政黨為了拉選票，比賽開支票，單單老農津貼在不到20年中，人均發放金額從3000元漲到7000元，如今每年財政要為此支付500多億元。

民眾當然喜歡拿到的福利越多越好，在民粹當道之下，民意支持率、選票往往是臺灣政治人物的唯一考量，而所謂的整體規劃、長遠發展像是浮雲，他們只顧眼下，哪顧得上天邊的浮雲！在民粹思維主導下，過度強調所謂的公平正義，犧牲了效率發展。

陷阱三：只要政治，不要經濟

蔣經國時期曾任「經建會副主委」的孫震接受臺媒採訪時表示，自李登輝當政以後，民粹愈演愈烈，老百姓一反對，政策就轉向，沒人敢做長期投資，造成臺灣經濟沉淪。

臺灣中央大學教授朱雲鵬稱，臺灣公共議題的重點不在經濟上，而是在政治上，大家最關心的是族群、省籍和「國家認同」等意識形態問題，在這種情況之下，負責經濟事務的官員都很低調、很無奈！民粹主義下的經濟政策，也是民眾想怎麼改，政府便怎麼改，政府並沒有細緻考量這些改動，會給民眾帶來好處還是壞處。

王建民強調，臺灣經濟的政治制約因素太多，沒人用心搞經濟，民進黨「逢中必反」「逢馬必反」，只會罵人，不懂建設，他們希望經濟搞不好，自己才有機會上台。民進黨動不動就「倒閣」「罷馬」，不斷給執政黨出難題。沒有穩定的執政團隊，不利於政策落實，對經濟傷害很大。

臺灣知名文化人龍應台動情地說：「若有神燈能夠實現一個願望，我希望一夜起來，臺灣整個氣氛變了，當你做不好的時候，我不是罵你罵到臭頭，而是說，我知道時局很壞，來，一起把事情做好。」

　　王建民稱，臺灣是「民主政治」，任何重大經濟決策與改革都要接受民意的考驗，並受到在野黨的強力制衡甚至抵制。這是「民主體制」的普遍現象，也是當今全球性民主政治頑疾之表現。無論是經濟現狀還是政治現實，臺灣經濟已經很難振起與騰飛。

　　為反對而反對的政治氛圍，顧小局而棄大局、顧眼前而棄長遠的民粹思維，就這樣重重傷害著臺灣經濟。難道這是臺灣民主化進程必然要付出的巨大代價嗎？

第八章　臺灣競爭力提升之道

全球經濟、東亞經濟正發生大變局，臺灣一定要擺脫生產製造依賴性，強化品牌與研發，善用大陸市場，才可提升核心競爭力。

2013年5月29日，瑞士洛桑管理學院（IMD）公布2013年度全球競爭力排名。在60個參評經濟體當中，臺灣競爭力排名第11位，較上年下降4位，在亞洲排名第三，僅次於香港（全球第3）、新加坡（全球第5），但是優於老對手韓國。

該如何來解讀臺灣的競爭力？它的強項、弱項在哪？排名是否比較真實反映了臺灣實際狀況？筆者就此約請南開大學臺灣經濟研究所所長、博導曹小衡予以解讀。

為何排名滑落4位？
就像學生考試，分數時高時低

全球競爭力有兩大排名，一是IMD排名，一是WEF（世界經濟論壇）排名。從2010至2012年度，IMD的臺灣排名分別是第8、6、7位，WEF的臺灣排名均為第13位。據IMD的2013年度排名，臺灣降至第11位，這主要有什麼原因？

曹小衡：

每年世界經濟都在波動，每個經濟體也一樣，只要波動幅度不是太大，起起落落很正常，不必看得太重。每個經濟體都有自己的發展階段，有時候某個階段發展得好一些，某個階段會差一些。

在IMD對60個經濟體的排名中，2012年臺灣排第7，2013年排第11，成績還算可以，沒太大差別，就像學生考試，分數總會有時高有時低。

▌四大指標能否反映實際？
　變數多，且一直在變動中

　　IMD 的考核標準有 300 多項，可歸納為四大指標：經濟表現、政府效能、企業效能、基礎建設，臺灣 2013 年度這四大指標分別排名第 16、8、10、16 位，均比上年度下滑。

　　經濟表現、基礎建設排在第 16 位，說明經濟增長乏力，基礎建設滯後，這與實際情況比較吻合，但是政府效能排第 8，企業效能排第 10，與平常印像有所反差。

　　這是因為，島內業界普遍認為，臺灣「政府」效率低下，與大陸的高效率形成鮮明對照，而臺灣企業反應快效能高，則是有目共睹的。

　　曹小衡：

　　從經濟學界來看，這種排名只供參考，每個經濟體的發展階段不同，它們的政府、企業、社會等方面表現形態就會不同，因為特性不同，所以很難用一個指標去衡量。

　　例如每個經濟體在全球經濟中的分工不同，可能這個產業鏈今年比較看好，那麼相關指標就會上升，排名就能靠前。再如區域政治關係緊張，對競爭力排名影響很大，但問題是如何量化這種影響。透過指標來得出結論，是一個高難度的課題，變數太多，且一直在變動之中。

▌臺灣競爭力優於韓國？
　不排除指標因素與品牌因素

　　近年來，從美食、影視、整容、手機等領域，颳起了一陣又一陣的「韓風」，反觀臺灣，引領經濟潮流、時尚文化的能力則在不斷衰減、萎縮之中。

　　IMD 競爭力考核標準 2/3 都與經濟數據相關，從宏觀經濟數據來看，韓國的經濟成長率、人均 GDP、出口增幅等主要指標，均勝過多年來一直在較勁的臺灣。

不過在 IMD 歷年競爭力排名當中，臺灣基本上排在韓國之前，2012 年度臺灣排第 7，韓國只排在第 22 位。臺灣競爭力為何能勝過韓國？

曹小衡：

韓國與臺灣的產業競爭相似性高，如電子業，但也有不相似性，如汽車業。IMD 的指標設計是否具有可比性，值得商榷。一套指標設計，可能對一些經濟體有加分效果，對另一些經濟體則會減分。

臺灣排名比較穩，韓國進步較快，往上走的態勢明顯。為何臺韓排名與大家印像有較大反差？可能與韓國注重品牌效應有關，比如韓國電子品牌三星享譽全球，但是全球電子業的許多零部件卻由臺灣廠商生產，消費者往往記住了品牌，卻不知道為這個品牌提供零件的廠商。特別在媒體放大效應之下，韓國被熱炒程度高。

全球、東亞經濟格局發生變化 臺灣經濟角色需再定位

無論是 IMD，還是 WEF 的競爭力排名，都著眼於整體競爭力，不過我們知道，就像一輛跑車，它能跑多遠，跑多快，取決於它的設計、重量、輪胎、發動機等綜合因素，但是最重要因素是發動機，發動機是跑車的核心競爭力。

一個經濟體也是如此，在諸多競爭力作用當中，總有一個核心競爭力，核心競爭力不僅發揮出最大動能，而且影響著非核心競爭力。那麼，臺灣核心競爭力是什麼？

曹小衡：

臺灣製造業的技術研發創新、生產成本管理、市場反應速度的競爭力很強，但是缺乏從產品研發、生產製造到品牌營銷的完整產業鏈，製造環節做得很強，在研發和品牌方面有待加強。

在當前全球經濟、東亞經濟格局發生變化的大背景下，臺灣經濟應該進行再定位，從以往為跨國大企業進行某部分、某環節的生產，調整為向「微笑曲線」兩端的研發、品牌發展，與大陸企業進行更密切合作。就像韓國，

國家參與技術研發，品牌則與中國大陸市場緊密結合，發展得很成功。現在大陸重點挖掘內需市場，這對臺灣來說是最大的機會，臺灣未來打造核心競爭力，離不開大陸！

▌附：近年臺灣競爭力全球排名

年份	IMD	WEF
2004 年	12	4
2005 年	11	8
2006 年	17	13
2007 年	18	14
2008 年	13	17
2009 年	23	12
2010 年	8	13
2011 年	6	13
2012 年	7	13

第八章　臺灣競爭力提升之道

第二部分　TWO PART　投資衝動

◎陸資赴臺，摸著石頭過河

◎陸企舞劍寶島，「沛公」何在？

◎「MIT 小鞋」裹足，陸資行路難

◎破除「安全」魔咒，陸資邁大步

◎大陸人要去臺灣炒房？

◎臺商經第三地登陸，增還是減？

◎臺商回流，可否匯流成河？

第九章　陸資赴臺，摸著石頭過河

　　陸資在臺灣島內飄了幾絲毛毛雨，與此前島內期待的「陸資活水」有相當差距。「活水」遲遲沒來，令不少人跌破眼鏡。陸資赴臺，不得不步步小心。

　　自從 2009 年 6 月 30 日臺灣開放第一波陸資以來，2011 年春天開放了第二波陸資，2012 年春天開放第三波。前三波開放陸資，包括製造業 204 項，開放幅度達 97%；服務業 161 項，開放幅度 51%；公共建設 43 項，開放幅度 51%。總計臺灣各產業項目對陸資開放程度近 67%。

　　不過，作為首批赴臺陸企，臺灣中泉國際公司總經理王鴻源深有感觸地說：「開發臺灣市場很艱難，幾年來一直在摸著石頭過河，力求先站穩腳跟。」

▌4 年半臺灣核准陸資 8 億多美元

　　據商務部統計，至 2012 年底，大陸企業赴臺投資項目共 145 個，總投資金額 9.11 億美元。但是同期已被臺灣核准通過金額只有 5 億美元，剩下 4 億多美元是大陸已批、臺灣未批部分。

　　據臺「經濟部」統計，至 2013 年底的 4 年半中，臺灣累計核准陸資赴臺投資件數為 483 件，核准投資金額 8.65 億美元。

　　4 年半投資 8 億多美元，是一個什麼概念？2012 年，中國大陸對海外非金融投資達到 772 億美元，截至 2012 年底，大陸共批准陸資在全球約 180 個國家或地區對外非金融投資近 4000 億美元。相比之下，赴臺陸資金額是小得無法再小的數字。

　　臺灣自 1991 年正式開放臺商投資大陸以來，臺灣已核准臺資登陸上千億美元，這還不包括大量臺商繞經開曼群島、英屬維京群島等第三地的投資，如果加上第三地的轉投資，登陸臺資或許達到三四千億美元。

　　4 年半投了 8 億多美元，猶如在龐大陸企身上拔了一根毛，又如在臺灣島內飄了幾絲毛毛雨，與此前島內期待的「陸資活水」有相當差距。「活水」遲遲沒來，令不少人跌破眼鏡。

第二部分 TWO PART 投資衝動

廈門大學臺灣研究院經濟所唐永紅所長評價，陸資入臺投資意願不足、步伐緩慢、規模較小，基本上還處於試探性投資階段。福建省交通集團駐臺辦負責人透露，第一波到臺灣的陸企基本還沒賺到錢，目前談盈利為時太早。

投保協議「促進」大項目

不過，即便在摸著石頭過河的試探階段，仍然出現了個別投資亮點，促成少數投資額較大項目。

2012年12月，臺灣核准通過了一樁1.35億美元的投資案，這是開放陸資以來的最大案件。由大陸的招商局國際有限公司與中遠太平洋有限公司、中海碼頭發展（香港）有限公司在香港成立新公司，以1.35億美元購買了高雄港洲際貨櫃中心一期工程的高明碼頭的三成股份。

2012年11月，還有三件較大投資案。第一件是廈門華天港澳臺商品購物有限公司在金門增資6500萬美元，建設1800間客房的金門華天大酒店（計劃總投資3.9億美元），建成後將是金門最大觀光酒店。2013年3月底，臺灣「投資審查委員會」核准了該案，這是當時陸資赴臺服務業的最大項目。

第二件是廈門三安光電科技有限公司擬投資23億多元新臺幣（當時折合人民幣約5億元），購買臺灣上市公司璨圓光電以私募方式發行的1.2億股普通股，交易完成後將持有璨圓光電19.9%的股份，成為璨圓光電最大股東。這是臺灣島內LED企業首次引進陸資參股，該項目於2013年8月底獲得臺「投審會」核准。

第三件是大型民營控股企業上海復星集團擬投資3.6億元新臺幣，持有以銷售鳳梨酥聞名的臺灣維格餅家兩成股份，這是臺灣核准的首件陸資參股臺灣食品案。

以上四大投資案，頗有從「摸著石頭過河」到「下水游泳」的意味，什麼因素促成了這幾宗大項目？唐永紅所長認為，最主要原因是2012年8月9日，兩岸兩會簽署了《海峽兩岸投資保護和促進協議》，這是兩岸雙向投資歷程中具有里程碑意義的事件。

臺灣淡江大學大陸研究所潘錫堂教授指出,投保協議可去除陸資擔心臺灣政黨輪替可能影響投資權益的心理障礙,有助於促進陸資入臺的正常化,激勵陸資信心。

策略性聯盟意圖明顯

在陸資入臺進程中,一些大項目之所以成行,除了投保協議加持,還有一個重要因素是兩岸企業的策略性聯盟,由大陸企業入股臺灣企業,或者共同成立新公司,成為同一戰壕的戰友,而非陸企在臺灣單槍匹馬地幹。

大陸萬通地產在臺北陽明山上開發 270 多套度假式精裝公寓,預計在 2014 年交付使用,該項目就是萬通與臺灣企業合作註冊新公司運作的。當前,臺灣對陸資投資島內房地產十分謹慎,擔心炒熱房市,因此萬通與臺企結盟,可以把前期工作盡可能考慮周全,規避經營風險,並且較容易取得土地。

再以三安光電與璨圓光電結盟為例,一家是大陸 LED 行業的領頭羊,一家是臺灣最早上市的 LED 企業。璨圓光電董事長簡奉任稱,以往璨圓跟三安是競爭者,如今改變為合作的戰略夥伴,使雙方獲益,將來雙方進入實質性合作後,能進一步成為全面戰略合作夥伴,同時擴大兩家企業的國際影響力。

三安光電擬與璨圓光電進行全方位的合作,從採購、生產到銷售環節。目前三安光電生產領域主要在顯示屏、景觀照明及室外照明,璨圓光電集中在背光領域,尤其是在電視背光領域,雙方聯合將增強生產領域的優勢互補。在銷售方面,璨圓光電以韓國、日本及臺灣為主,大陸市場銷量不到其收入的 10%,而三安的市場剛好相反,雙方合作可以實現市場的互補。

策略性聯盟最重要考量點是優勢互補,比如大陸企業有資金實力,卻難以介入臺灣的敏感領域和產業,聯盟後便可以臺灣的合作方名義申請項目,承建工程。

▋閩企引領陸資赴臺潮流

4年多陸資赴臺中,福建企業引領了這股潮流,穩居陸企赴臺投資額首位。截至2012年底,大陸方面批准的陸資赴臺金額,閩企約占七分之一,項目數約占四分之一。第一家赴臺陸企是福建新大陸電腦股份公司,第一家赴金門陸企是廈門華天港澳臺商品購物有限公司。

廈門大學臺灣研究院副教授石正方認為,閩企扮演了陸資入臺先行者角色,首先是因為閩臺具有相同文化背景,血緣、文緣、法緣相通。正如當年臺商登陸之初,福建是最重要目的地,因為臺商瞭解福建,覺得福建親切,過來投資放心。如今陸企入臺之初,福建企業比較瞭解臺灣,覺得臺灣親切,這對於初到陌生地方的企業來說,能有效增強他們的投資信心。

同時,閩企積極赴臺得益於政策的有力推動。作為對臺特色的海峽西岸經濟區,福建著力營造寬鬆的閩臺交流氛圍,在廈金航線基礎上,利用廈門、平潭兩個對臺試驗地,以及兩岸最大民間論壇——海峽論壇這個大平臺,大大強化了彼此紐帶關係,促使閩臺民眾往來更加熱絡。人員往來帶來商機,福建民眾在相互交流中,不斷增進對臺灣投資環境的瞭解。

石正方副教授表示,在陸企投資臺灣之初,福建企業最集中,可謂合情合理,這體現出兩地民眾間的深厚感情,以及彼此間的密切聯繫。在大陸企業對臺灣逐步深入瞭解之後,福建企業占比會逐步下降,這是可以預期的。

石正方也提醒說,雖然閩企比其他陸企更瞭解臺灣,但是對於臺灣政策法規、投資環境、產業分布的瞭解,依然十分欠缺,所以赴臺投資切忌盲目跟風,一定要做足可行性研究,找準獲利空間,再見機行事。

臺灣中泉總經理王鴻源稱,臺灣市場很成熟,所以選擇投資項目要很慎重,必須對整個市場進行綜合考量,看項目是否對自己的經營有特殊幫助,找到市場機會,才能提高獲利機率。

第十章　陸企舞劍寶島，「沛公」何在？

　　臺灣這麼一塊彈丸之地，如何能吸引大陸企業青睞的目光？陸企動機不一，有的要去賺觀光財，有的想去練本領，有的欲藉此通往世界，也有的圖謀游向產業鏈更高端⋯⋯

　　臺北市八德路，有一家裝修得很「淮揚風情」的冶春茶社，這不是一家茶館，而是一家酒樓，連戰、吳伯雄、江丙坤等島內大佬不時到這宴請兩岸嘉賓。

　　冶春茶社負責人陳軍是江蘇人，身兼揚州賓館、冶春餐飲股份有限公司總經理。2010 年 5 月，冶春餐飲成為大陸首家入臺的國有餐飲企業。

　　起初兩年，陳軍基本上都守在臺灣；後來，他才開始大陸、臺灣兩頭跑。他說，臺灣的事業慢慢走上軌道，自己有更多時間兼顧大陸的事業了。

　　談起臺灣的經營體會，陳軍說，臺北是美食天堂，需要冶春展示最好的品質，提供最好的服務，並且精打細算，這樣才有市場機會，才能獲取利潤。

▎到臺灣賺取觀光財

　　臺灣服務業高度發達，到那兒競爭，可不是一件輕鬆的事！大陸服務業者過去，好比關公門前耍大刀，魯班門前弄大斧，是需要勇氣與本領的。去過臺灣的大陸遊客，相信都能感受到島內餐飲業的服務水平，服務員笑容比陽光還燦爛，聲音比春風還柔軟，直讓人舒服到骨子裡。

　　冶春茶社在大陸是有百年招牌的淮揚菜名店，但是陳軍絲毫不敢擺出老資格，更像一個小學生，不斷地學習、磨合、調整。他讓菜餚的價格更實惠，味道更清淡，還積極舉辦各種營銷活動。

　　2013 年，陳軍計劃在原有 300 萬美元投資額基礎上，增資 30 萬美元，擴建宴會廳，拓展春酒、尾牙宴、生日宴、婚宴等多種業務，多方爭取客源。

他還精心把冶春茶社打造成兩岸經貿官員洽談事務的場所，以及在臺的江浙同鄉共敘鄉情的會所。

陳軍介紹，經過三年努力，冶春茶社總算在臺北落地生根了，接下來要主打「人無我有、人有我優」產品，吸引臺灣人民，吸引赴臺自由行的大陸人民。他強調，逐年增加的自由行陸客，是冶春茶社的最大商機。

廈門華天港澳臺商品購物有限公司也將目光投到了觀光商機。2011 年 8 月起，吳友華向大陸方面申請金門華天大酒店項目，經過國臺辦會簽、國家發改委的項目核准、商務部的投資核准，2012 年底辦妥全部大陸手續後向臺灣方面申請，2013 年 3 月 26 日臺「投審會」核准通過。

華天董事長吳友華風趣地說，以前金門是「好山好水好無聊」，但在陸客自由行之後，金門很快「客如潮水」，與遊客相關的酒店餐飲、農牧特產、觀光遊覽等業務大有可為。他先後在金門成立了三家公司，分別經營酒店、特產及電動車遊覽業務，大賺觀光財的企圖心顯露無遺。

臺灣淡江大學副教授莊孟翰稱，陸資可以考慮豪宅、商業不動產和旅館酒店項目，例如臺北車站雙子星、桃園航空城、屏東大鵬灣、墾丁度假別墅等，這些項目均在這 3 類不動產之列，瞄準的都是遊客觀光商機。

▌去臺灣取經，著眼大陸

臺灣市場很成熟，很小，要想從裡頭分到一杯羹，並不容易。一些大陸企業投資臺灣，並不是要分食臺灣市場，而是前往練就一身好功夫後，回大陸施展拳腳。

上海的復星集團總市值 200 多億港元，管理資產規模達到 1500 多億人民幣，2007 年已在香港上市，而臺灣維格餅家即使在復星投資後，公司資產規模也僅增加到 18 億新臺幣。那麼，復星究竟為何看上了維格？

據復星方面稱，它通常投資行業中的龍頭、領銜企業，維格是臺灣鳳梨酥生產商的佼佼者，年營業額達到 10 多億新臺幣，並有望成為臺灣第一家上市的鳳梨酥企業。

其實，復星投資維格，可謂項莊舞劍，「意在大陸」。維格有一套糕餅自動化、規模化的生產能力，以及給產品說故事的能力，這是大陸糕餅業者所欠缺的，復星入股維格之後，就是希望把這套經營模式帶到大陸發展，壯大旗下的零售、服務事業。

之前，維格餅家曾到北京設點，單槍匹馬闖大陸，但失敗了。2011年初，維格收掉設在北京前門臺灣街的直營店，損失了數百萬新臺幣的裝潢費。此事令維格意識到：到大陸賣臺灣商品，不如到大陸賣臺灣模式。這一想法正好與想藉助臺灣經驗開拓大陸市場的復星一拍即合，促成了這樁食品界姻緣。

萬通地產在臺灣建房子，也不是想把房子賣給臺灣人，而是瞄準了赴臺的大陸商務人士和大陸遊客。萬通總裁馮侖說，相當於把產自臺灣的產品，推向廣大的大陸市場。

把臺灣當跳板，通向世界

首家投資臺灣的大陸企業福建新大陸科技公司，其目光則從臺灣向廣袤的太平洋延伸，繼而投向了世界。新大陸董事長王晶說，投資臺灣絕不僅僅看中臺灣市場，而是看中了臺灣在知識產權、技術研發以及國際化方面的優勢，想藉助這一跳板，讓公司產品行銷全球，把臺灣打造成新大陸面向全球服務的中心。

臺灣經濟研究院學者呂曜志認為，大陸企業的優勢是資金，錢可以國際化，然而人的國際化程度不夠，人才是大陸的劣勢，卻是臺灣的優勢。臺灣具有快速反應的研發能力，以及周全的客戶服務能力，並且與國際化接軌早，擁有豐富的人脈，重視知識產權，被國際大廠的信任程度不是大陸企業短期內可取代的。

福建省交通集團於2010年5月在臺成立辦事處，在2012年上半年成立福建東方海運臺灣分公司，配合集團經營兩岸集裝箱運輸、閩臺客運、海員勞務技術合作等三大塊業務。臺灣分公司的工作重點除了推動閩臺貨運直航之外，更想尋求與臺灣海運業者的合作，利用臺灣的專業優勢，通向世界航運市場。

三安光電結緣璨圓光電，一個重要圖謀也是國際市場，三安光電可望透過參股璨圓光電，以幫助璨圓光電代工的方式打開臺灣、美國、韓國、日本等市場，走上更加順暢的國際化道路；三安光電還可藉此繞開專利封鎖，專利成為大陸LED芯片企業國際化的主要障礙，而璨圓光電與多家國際LED大廠完成了專利交叉授權。

一些企業如果把大陸產品拆裝到臺灣後，重新組裝或加工，變為「臺灣製造」產品，不僅能提高品牌附加值，出口海外時還能有效規避反傾銷、反補貼，獲得更誘人的國際市場售價。

▎取長補短，延伸產業鏈

三安結盟璨圓，還有一大利好是更加完善了產業鏈。璨圓光電作為臺灣超大型LED外延廠，主要客戶包括三星、LG、瑞軒、冠捷等電視大廠，這將大大拓寬三安光電的渠道資源。三安光電董事長林秀成曾表示，三安光電的項目設計產能原本足以稱雄世界，但是業界的一樁樁合併案，使得三安排名退後了，三安參股璨圓，為衝刺這一目標提供了新契機。

在2011年開放的第二波陸資赴臺項目中，最具含金量的包括芯片代工（例如台積電）、半導體封裝測試（例如日光電）、面板製造（例如奇美、友達）、精密機械加工（例如鴻海）等四大類，這四類產值占到臺灣GDP總量一半以上，是臺灣重點扶持的戰略性產業。臺灣在這些產業的研發技術能力超強，陸資與之合作，有助於邁向產業鏈上游。

舉面板業例子來說，如果大陸家電商能夠參股臺灣面板業，組成緊密的策略聯盟，對臺灣面板業來說可拓展龐大的大陸市場，對大陸家電廠商來說延長了零配件產業鏈，有助於旺季面板的穩定供應，減少因面板價格波動帶來的經營風險。

南開大學臺灣經濟研究所所長曹小衡建言，陸資在兩岸互補性強的產業中機會較多，例如臺灣推出了生物科技、綠色能源、休閒觀光、醫療服務、精緻農業、文化創意等六大新興產業，這些產業需要大量社會資本進入，陸資當可大有作為，而且這些新興產業代表了未來發展方向，前景可期。臺灣

在這些產業的研發、設計、策劃、營銷環節優勢明顯,陸企參與投資,能使自身的經營鏈條更加延長。

第二部分 PART TWO 投資衝動

第十一章 「MIT 小鞋」裹足，陸資行路難

陸資在臺灣遭受的待遇，猶如穿著「三寸金蓮」，行走在曲折的小徑上；又如要進入一個大殿堂，敲開了殿堂大門，裡面每個房門卻還有「鐵將軍」把守。陸資赴臺，看起來很美，做起來很難！

臺灣政府 1991 年正式開放臺商投資大陸，至 2009 年 6 月底累計核准投資大陸近 800 億美元。在開放臺商投資大陸 18 年後的 2009 年 6 月底，臺灣政府不得不「禮尚往來」，開放陸資入臺。

開放陸資 4 年多來，陸資入島遠不如預期，臺灣雖然多次實施「鬆綁」政策，但是依舊沒有改變對陸資限制與管制的思維，陸資無法享受與外資一樣的基本待遇。

臺資在大陸長期享受了「超國民待遇」，陸資卻在臺灣被視為「三等公民」，陸資在臺投資經營，深切感受到了「小鞋」裹足、小腳走路的難受滋味。

而這雙「小鞋」，貼的是「MIT」（Made In Taiwan）牌，道道地地的「臺灣製造」。

▍正面表列就是正面歧視

中泉國際公司是泉州一家國企，涵蓋進出口、航運、勞務、船務等多項業務，2010 年 5 月在臺成立臺灣中泉國際公司，本想大幹一番，幾年過去了，臺灣中泉總經理王鴻源最大感受就是，「沒想到在這經營會如此艱難！」

此前，中泉國際就開始向臺灣的航運公司輸送大陸船員，並對臺輸送大陸漁工，為更好協調這兩塊業務，中泉國際早早赴臺成立公司，可是沒想到在臺經營項目會被嚴格限制。

起初，臺灣中泉只能做會議會展、中介服務兩項業務，中介還只可限於建材領域，後來好不容易增加了進出口業務。王鴻源說，他最想要的是輸送

更多船員去臺灣，可至今大陸船員仍然只能輸送給掛臺灣旗的臺灣船隻，不能輸送給掛國際旗（跑國際航線）的臺灣船隻，這種狀況令他大失所望。

談起在臺業務，王鴻源難掩悲觀之情，「至今仍在觀望，無法規劃。」他跟很多大陸商人一樣，原先不清楚臺灣對陸資所謂的「正面表列」是什麼，後來明白過來了，正面表列其實就是正面限制。

臺灣對外商投資一直採取「負面表列」制度，對陸企卻採取「正面表列」制度。負面表列是指除了政府明確列出限制或禁止投資的極少數產業外，其他未列出的一概可投資，外商只要瞭解列出限制的少數產業即可，非常方便。正面表列是指規定或列出的產業為允許投資的產業，其他未列出的產業一概不允許投資。

中國社科院臺研所王建民研究員指出，這顯然對陸資是歧視待遇，顯示出臺灣對陸資更多的是限制，而非鼓勵。

▍敏感身分與敏感項目禁止投資

在前三波陸資開放項目中，製造業領域雖然開放了97%，但是在陸資有興趣的諸多項目上，臺灣加設了層層的鎖，特別是關於陸資持股比例和對公司控制能力的高度限制。2011年開放第二波陸資的42個項目，其中有25項製造業，有10個項目不設限制條件，10個項目規定陸資持股不得超過20%，還有半導體封裝測試、液晶面板製造等5個項目的陸資持股不得超過10%。這5個項目如果陸資與臺資成立新公司，陸資占股比例必須低於50%，且對公司不得具有控制能力。

2013年1月，臺「經濟部」向行政院呈報的第4撥陸資鬆綁項目，最大亮點是七大關鍵技術產業鬆綁，包括發光二極管（LED）、太陽能電池、集成電路、半導體封裝測試、液晶面板、金屬切削工具、電子及半導體生產用機械設備。據瞭解，這七大關鍵技術產業可望取消「陸資不具控制能力」的限制，但陸資持股比率仍不得超過50%。

在開放的前三撥408個項目中，許多陸資感興趣並有競爭力的項目不僅設置了限制條件，而且需經項目專案審查。臺灣規定，陸資禁止以下投資案：

在經濟上具有獨占、寡斷或壟斷性地位的投資；在政治、社會、文化上具有敏感性或影響「國家安全」的投資；對臺灣經濟發展或金融穩定有不利影響的投資。同時，高度限制大陸軍方投資或軍事目的投資。

南開大學臺灣經濟研究所曹小衡所長指出，臺灣規定「敏感身分」與「敏感項目」禁止投資，可沒有具體點出哪些領域，人為操作空間大。再如，實收資本額達到8000萬元新臺幣以上的陸企，每年應向主管機關申報財務報表，有接受財會檢查的義務，但沒明確什麼情況下臺灣有權查陸企帳目，操作變數大。

投資公共建設「四原則」

在投資公共建設方面，臺灣禁止陸資承包工程，陸資只能作為項目的出資股東。王建民研究員表示，搞工程建設的最大利潤在承包工程，如果只是出資配合臺灣業者，利潤空間不大，影響了陸資興趣。

這些年，臺灣每年在公共建設上的資金缺口達到2000多億新臺幣，急需陸資注入，不過臺灣「公共工程會」負責人強調，對陸資參與公共建設有四大「安全原則」：不影響臺灣安全、社會觀感，並且對島內產業發展有正面助益、不衝擊島內產業。

「公共工程會」表示，對於恐影響臺灣安全的建設項目，將會限制金額、投資比例以及投資區域、範圍；對於社會福利設施或服務，若無限制開放，定會影響社會觀感，這部分會考慮符合島內民情與需求，酌予鬆綁，例如因應人口老化，開放投資老人餐飲、照顧等服務。

王建民評論稱，「不影響臺灣安全、社會觀感」，這非常抽象，難以定義，炒房炒地算不算影響社會觀感？臺灣對其他外資並不存在這類歧視，這種「莫名其妙的規定」，反映了其過度防範的原則。再如，「對島內產業有正面助益、不衝擊島內產業」，任何投資都會有正面效益和負面效益，壯大某些產業的時候，難免會削弱一些產業。

▌相關配套滯後，「小門」未開

王鴻源總經理介紹，臺灣在陸資投資的配套措施上雖然一直在完善，不過進度太緩慢，項目開放了，配套沒及時跟進。這就如同一座房子，大門向你敞開了，裡面的房間門卻還鎖著，讓人不得其門而入。

比如，臺灣對於陸企人員往來限制嚴苛，核准陸企辦事處可駐臺2名陸籍幹部，公司則按投資額確定陸幹名額，赴臺投資金額達20萬美元以上，可申請2人赴臺，在此基礎上投資金額每增加50萬美元，可申請增加1人，但最多不超過7人。

臺灣中泉國際投資額為200萬美元，第一年每次可派駐6名陸籍幹部，可第一年因為營業額沒達到3000萬元新臺幣，第二年陸幹名額被砍到了3人。「臺灣扶持本地人的就業率，可以理解，然而我們有自己的難處！」王鴻源大吐苦水。

廈門華天港澳臺商品購物有限公司董事長吳友華說，他在金門建大酒店，去哪兒找這麼多工人？金門縣常住人口僅六七萬，而且青壯年勞力比例低，大陸勞工不準過去，那就只能從臺灣本島或者海外引過來，勞工工資是一筆巨大成本。

再說，施工中的管理、技術人員和機械設備如何解決？據臺灣政府規定，陸資企業按投資額確定陸籍幹部赴臺名額，最多不能超過7人，如果需要從大陸多引入幹部過去，或者要從大陸引入機械設備，到時候都得專案申請，吳友華希望臺灣在這方面能開更大的口子。另外，酒店建成投入使用後，數量龐大的服務員又該如何解決，吳友華對此依然無解。

另外，大陸人在臺灣買房子，有所謂的「三四五」規定，即購房後3年不得轉讓、在臺每年居留時間不得超過4個月、銀行貸款不得超過五成，此舉雖然旨在防止陸客炒房，另一面卻增加了大陸商人居留臺灣的難度，降低了陸資赴臺的意願。所以至2012年底，臺灣開放大陸居民赴臺購房已有10年之久，以大陸人名義購房總數累計不足100套。

還有不少針對陸資的「緊箍咒」，如臺灣政府可以向大陸採購商品，但不能向在臺陸企採購；向陸資開放遊覽車運輸項目，然而限定在9人座以下的小客車租賃……

　　廈門大學臺研院經濟所唐永紅所長強調，陸資入臺是一個涉及資金運作、職工招聘、土地房屋、人員居留等多方面的系統工程。相應地，大陸投資人及其眷屬在臺的停留、就醫、就學、金融需求及購買不動產等方面，要有相應配套措施，「大門小門」一起開，才能讓陸資跨大步。

第二部分 PART TWO 投資衝動

第十二章　破除「安全」魔咒，陸資邁大步

臺灣對陸資的喜歡是葉公好龍式的，葉公喜歡紙上的龍，害怕真正的龍。臺灣喜歡象徵的陸資，害怕實質的陸資。在內心深處，臺灣人對陸資一直有「恐懼感」，這種感覺猶如幽靈盤旋著……

陸資為何在臺灣備受歧視？對於陸資，臺灣怎麼想，民眾怎麼想，企業怎麼想？

穿著「小鞋」碎步走，這樣還要走多久？要等到第四波、第五波……還是第 N 波陸資開放，才能迎來陸資赴臺的春天？

▍癥結在於「安全」恐懼

時至今日，臺灣對陸資一直抱持十分矛盾的心態：一方面島內經濟活力不足，公共建設沒錢，急需陸資馳援；另一方面恐懼「巨無霸」陸資闖入之後，會來個「木馬屠城」，臺灣的「國家安全」、「經濟安全」受衝擊，支柱性產業股權被購買，新技術遭泄密……

臺灣大學經濟系教授林建甫稱，開放大陸資金來臺，對經濟不振的臺灣「不啻是一劑強心針」，可他也擔心，臺灣只是一個淺碟型經濟體，陸資來臺若風險控管不好，大量陸資可能使臺灣的經濟及金融體系更加動盪，並且連帶大量大陸民眾來臺工作，造成就業、居住、婚姻、子女教育的相關問題，這是臺灣不少民眾所擔憂的。

對臺灣企業而言，他們擔心陸企個個塊頭大，資金雄厚，陸企進入臺灣後，更增添了他們生存環境的險惡。所以在前三波陸資開放項目中，大多數是陸資沒有競爭力、沒有興趣的項目，而在少數陸資有競爭力、有興趣的項目上，則是嚴格控制陸資持股比率，為的就是保護臺灣本土企業。

不願透露姓名的福建省交通集團駐臺辦負責人稱，由於兩岸特殊的歷史關係，臺灣對大陸開放問題上極為謹慎，處處防衛，過度保護當地業者，一些業者也認為陸企過去爭奪臺灣市場，所以存有高度戒心。

廈門大學臺研院經濟所唐永紅所長指出，臺灣對陸資採取了「特殊政策」，根源就是「安全」恐懼，對於陸資入臺，臺灣方面本著對臺灣有利、風險控管程度小、不需兩岸談判等三項原則，「操之在我」地一點點擠牙膏式地開放。

「對臺灣有利」之辯

只是，作為其中最重要的開放原則「對臺灣有利」，我們該如何來看？「對臺灣有利」，真的對臺灣有利嗎？

唐永紅介紹，在兩岸投保協議耗時兩年的磋商中，兩岸最大分歧就是要不要加入「促進」，臺灣方面只想講「保護」，不想談「促進」；但大陸方面要既講「保護」，也講「促進」。

這是因為，大陸對於臺資早已敞開胸懷，並給予「超國民待遇」，臺商投資大陸多年，遇到的糾紛日益增多，所以更想要「保護」；而陸資剛試水臺灣，沒多少實質性的經營活動，經濟糾紛很少，所以迫切希望臺灣能拆除各種歧視性障礙，更想要「促進」。

中國社科院臺研所王建民研究員表示，任何經濟合作肯定有利有弊，不可能百分百有利，關鍵看利大於弊還是弊大於利。大陸企業具備資金和成本優勢，可能對臺灣一些弱勢產業產生負面影響，但是對臺灣整體產業和總體經濟的發展是有利的，利遠大於弊，必須清楚地看到這點。

舉例說，大陸開放外資，短期內對大陸民營企業有負面影響，但從稅收、就業等宏觀上有長期積極的幫助。對外開放要從局部利益和整體利益、短期利益和長遠利益綜合考慮，不能一葉障目，不能只談己方「保護」，不談對方「促進」。

王建民進一步說，臺灣習慣性以臺灣單方面需求來考慮，而不是從兩岸互利雙贏的視角來看待，沒有從陸資需求來看問題。例如在金融機構互相准入上，臺灣要求臺資進入大陸享有優於外資的特別待遇，可是陸資進入臺灣卻要求低於一般外資待遇。「對臺灣有利」，這種想法可以理解，卻達不到透過陸資刺激臺灣經濟的作用，反過來會被民進黨當成把柄，他們會說陸資入臺效果遠不如預期，對臺灣經濟沒什麼作用。

綠營喜歡貼「政治標籤」

島內對於陸資「安全」恐懼的形成，離不開綠營人士誇大其詞、添油加醋的「功勞」。大陸人士赴臺工作，綠營人士就說大陸人來臺灣搶工作了，臺灣人將要失業了，把經濟問題轉化為政治問題，挑撥民間對立情緒。

民進黨前主席林濁水質疑陸資有「政治企圖」，圖的是臺灣的資金和技術。民進黨籍臺南市長賴清德稱，陸資會危害臺灣的「國家安全」。綠營立委葉宜津則表示，臺灣只需大陸市場，無需大陸資金。

王建民對此反駁稱，民進黨從來都以政治思維解讀兩岸經濟問題，這個出發點極其錯誤。他反問道：「全球其他地方資金都去了臺灣，怎麼沒見臺灣出『安全』問題？臺灣資金來了大陸，怎麼沒見大陸出『安全』問題？在兩岸三通前，民進黨說三通危及臺灣『安全』，結果是這樣嗎？」

「投資必定是對雙方有利的，否則不可能合作。」王建民說，民進黨的種種質疑實際上「不堪一擊」。但他不否認陸資因此面臨的政治風險，民進黨一貫的反對態度，會讓陸企有所顧慮，以後如果不是國民黨執政，陸資面臨的政治風險會更大。

廈門大學臺灣研究中心副主任李非說，外資在臺灣資本中所占比重很小，陸資所占比重更加小，因而陸資對於臺灣的資本構成影響很有限，然而總有綠營人士拿來說事，給陸資貼上「政治標籤」。他預言，因為臺灣營利空間很有限，加上可能面臨的政治風險，短期內陸資赴臺的象徵意義大於實質意義。

▍應當實質性開放陸資

唐永紅呼籲，臺灣只有盡快提高陸資待遇，改正面表列為負面表列，對陸資的象徵性開放轉變成實質性開放，實現陸資入臺正常化，才能有效吸引陸資，進而激勵其他外資赴臺，臺灣「全球招商」計劃才可大功告成。

當然，這個前提是臺灣消除「安全」恐懼，不斷增強自信心，並且增強兩岸互信，讓他們堅信陸資不是要吃掉他們，他們也不會被吃掉。

唐永紅介紹，兩岸投保協議包括投資待遇、透明度、便利化、減少投資限制等規定，體現了ECFA（兩岸經濟合作框架協議）關於投資促進的規定，但只是原則性要求，對投資正常化和自由化沒定出時間表和具體規劃，這些原則性要求仍寄希望於臺灣落實。

臺灣能否積極落實ECFA及投保協議，尚需觀察。就像21世紀初臺灣與大陸幾乎同時加入了WTO，但臺灣並沒有落實WTO的公平協議，至今未給同是WTO成員的大陸正常化經貿待遇。

今後臺灣向陸資開放的項目，陸資感興趣的電信網路、房地產、承攬業或許會盡快被列入，可是王建民說，如果沒有必要配套，對陸資來說仍然意義不大。

什麼時候陸資與外資在臺受到同樣對待，陸資的刺激效果就能真正體現出來。王建民很希望，臺灣政府能夠以ECFA和投保協議為契機，盡可能提供寬鬆環境吸引陸資，從政策名義上開放陸資，轉變為實際意義上開放陸資。

第十三章　大陸人要去臺灣炒房？

　　炒房，大陸人對這個詞彙再熟悉不過了！隨著陸客、陸資赴臺，「炒房」也正在臺灣持續發酵，大陸因素挑動著臺灣房市的敏感神經。對於臺灣房市，陸資是活水還是洪水，我們將拭目以待。

　　大陸人的腰包，難道真要去炒熱臺灣房地產？

　　臺灣民眾對陸資炒房的擔心不是空穴來風，溫州炒房團曾經把大陸多處房市炒翻天，特別是從 2003 年以來，大陸房價簡直像是服了興奮劑，火箭發射般地往上躥，其間雖然偶有回落，但總體漲勢未歇，搞得大陸官方於 2013 年初又出爐「國五條」打壓房價。豈料，這年大陸房價漲勢比上年更加兇猛！

　　還有香港的前車之鑒。2003 年 6 月，香港和內地簽署 CEPA（更緊密經貿關係安排），自 2003 年第二季至 2007 年 10 月，香港房價竟然大漲了 3.4 倍。投資者的狂歡，卻是普通民眾的「噩夢」！

　　從 2009 年 6 月開放首波陸資赴臺項目以來，兩岸迎來一系列開放利好，很大程度上造成了臺灣房價的上漲預期，特別是在 ECFA（兩岸經濟合作框架協議）助推之下，島內業者期待陸資能夠開創臺灣房市的「黃金年代」。

　　陸資入臺引發的諸多預期心理，正在島內持續發酵，臺灣房市在這種心理作用下，吸引來各路資金，演繹出紛繁複雜的房市混戰。

▌幾度漲跌，幾家歡樂幾家愁
　　臺灣第四波房市熱持續延燒

　　臺灣淡江大學副教授莊孟翰幾十年來一直關注臺灣房市，他對島內房市的風吹草動，可謂點滴在心頭。他說，從 1970 年代以來，臺灣房市有過幾波熱潮，前兩波分別是 1973—1974 年、1979—1980 年，那時恰逢世界石油危機，造成物價飛漲，民眾為了使資金保值增值，紛紛轉攻房地產，帶來房市榮景。

1988—1989 年是第三波熱潮，那時臺灣剛開放老兵回大陸探親，冰封數十年的兩岸交流堅冰開始消融，同時臺灣取消外匯管制，吸引來大量海外資金，政治上取消戒嚴，投資環境改善，房地產急速升溫，以抗議房價暴漲的「無殼蝸牛」行動劇首現臺北街頭。

1990 年以後，隨著產業外移大陸，島內有錢人紛紛「登陸」，臺灣房市盛極而衰，進入了十多年低迷期。從 2002 年起，臺灣加大低利優惠房屋貸款額度，土地增值稅減半實施，並開放大陸民眾與外商投資臺灣房地產，2003 年臺灣房市開始回溫，成為第四波熱潮的起點。

莊孟翰稱，1990 年香港新房均價為每平方公尺 2 萬多港幣，1997 年香港回歸前漲至 14 萬港幣，之後步入下坡路，2003 年非典時跌至低谷 6 萬港幣，房價慘跌六成五；從 2003 年 6 月與大陸簽署 CEPA 後，房價一路狂漲，至 2008 年全球金融危機前衝到 18 萬港幣。

臺灣人最擔心步香港房價後塵，大起大落之中，富人賺得流油，而一般購房自住的民眾，卻無力承擔震盪性的房價。因此，對於第四波房市熱，臺灣人十分敏感而且警惕！

與大陸房價幾乎一樣，從 2003 年以來，臺灣房價也呈現總體螺旋式上升態勢，2008 年 9 月全球金融危機爆發，房價稍歇了口氣。不過在 2009 年，臺灣大幅調降遺產贈與稅，從原先的最高級 50% 的多級稅率調降為統一稅率 10%，並推出多項優惠房貸，開放陸資、陸客赴臺，2010 年兩岸商簽 ECFA，2011 年開放陸客自由行。一系列兩岸利好措施，促使投資客紛紛搶進卡位，包括許多大陸臺商回流，臺灣房市漸趨火熱。

特別是兩岸簽署 ECFA 和陸客赴臺自由行之後，臺灣房市是否會大量增加外需，造成房價暴漲，導致貧者愈貧、富者愈富，成為島內非常擔心的觀察點。這個擔心的邏輯是：ECFA 促使臺灣經濟好轉，失業率下降，增加了民眾購買住房需求；大陸遊客自由行，增加觀光酒店需求，店面交易會更熱絡；大陸企業到臺灣投資，增加了豪宅和辦公樓的需求，勢必帶動豪宅和商業地產價格。大陸因素已經刺激了島內房市的興奮神經！

早在 2009 年底，臺灣就組織網路民調，結果顯示都會區房價成了島內民眾的「十大民怨」之首。為了平抑民怨，臺灣從 2011 年 6 月起實施了主要用來打擊炒房的奢侈稅，對於買房一年內出售者，課稅房價的 15%，一年以上兩年內出售者課稅 10%。

不過，島內執政者對打房始終不敢用力過猛，他們強調房地產是經濟的火車頭，不能胡亂打房，所以不敢太用力打擊開發商，而以補貼購房者為主。2012 年 8 月，臺灣實行房產實價登錄製度，在房產商的強大壓力下，對房產商的課稅仍以其遠低於實際價格的公告現值為準，實價課稅仍被束之高閣。

開放帶來繁榮，但是經濟面可以繁榮，房市卻不宜太火熱，特別是住房價格不能太離譜，以至於讓平頭小民成為一輩子痛苦的房奴。

陸客購物、陸企辦公、陸資搶入 島內商用地產交易火熱價格飆升

2010 年 1 月 28 日，臺北市仁愛路一塊 116 坪（1 坪相當於 3.3 平方公尺）土地，售價 7.89 億元（新臺幣，下同），平均每坪 679 萬元。同一天，臺北市羅斯福路一塊 87 坪土地，售價 6.27 億元，平均每坪 719 萬元，創下當時全臺最高地價。

2010 年 10 月，位於臺北忠孝東路四段的安泰商業銀行出售一樓店面，161 坪店面售出 9 億元，平均每坪 557 萬元。莊孟翰副教授稱，該店新主人是亨得利公司，亨得利是大陸高級消費品零售及代理商，商品以中高級名表為主，這次是有陸資背景的企業首次公開競標臺灣房地產。

僅僅過了兩年多，天價屢被刷新。位於忠孝東路與敦化南路交界處的頂好市場一樓店面，每坪均價超過千萬。2012 年 8 月 17 日，富邦金控以 67 億購買臺北西門町萬國大樓，平均每坪土地價及樓面價為 1733 萬元。

2013 年 8 月 27 日，新加坡私募基金「首峰資金管理」以 24.75 億元，買下臺北市中華路、忠孝西路的 216 坪土地，每坪土地單價 1147 萬元，約合每平方公尺 71 萬元人民幣，榮登臺灣「新地王」。

第二部分 TWO PART 投資衝動

莊孟翰表示，從 2009 年以來，臺北市精華地段商用地產價格漲幅最大，基本上在 50% 至 100% 之間，其中一個重要推力是陸客自由行。自由行陸客集中在臺北市 101 大樓、忠孝路、西門町、士林夜市、永康街一帶購物，相當程度催熱了相關地段的店面，致使地價、樓價飆漲。

頂新集團魏家兄弟 2009 年以 37 億多元買下臺北 101 大樓近 20% 股權，成為最大的單一民間股東，後來增持股份到 37%。魏家兄弟投資島內商用地產，因 101 而一炮打響。此前，雖然貴為全臺最高建築，101 大樓卻是「高處不勝寒」，經營慘淡。2008 年陸客赴臺遊啟動，2009 年陸企赴臺成行，101 大樓一下鹹魚翻身，不但陸客喜歡往裡面的高檔商店跑，大陸企業也喜歡在全臺第一高樓設點辦公，使得大樓空置率大幅下降。

儘管 101 租金已升至全臺最高，陸企還是搶破頭往裡擠。2013 年初，中國國際航空入駐 101，成為第 11 家在 101 租用辦公室的大陸企業，而 101 大樓總租戶數僅百家左右，陸企占到了十分之一，大多是交通銀行、中石化、中石油、中國國際航空這類的大型企業。

陸企、陸客赴臺，給島內辦公場所、商業店面帶來了廣闊的想像空間，加上陸資的積極加入，大大激勵著其他資金入場。據戴德梁行臺灣分公司研究報告稱，2011 年臺灣商用不動產交易金額創歷史新高，全年交易 1378 億元，其中島內壽險公司投入 567 億元，占全部交易額的 41%。

臺灣北部地少人多，以臺北市最典型，該市土地供給量稀缺，產生「閉鎖效應」，造成土地標售價越來越高。臺北市又以大安區、信義區為最精華區塊，全臺「地王」幾乎都出在這裡。今後在陸企陸客逐年增長的租購需求下，臺北商用地產價格逐年摸高幾乎是沒有懸念的。從這個意義上說，陸資是臺灣商用地產漲價的重要推手，並不為過。

▌想炒住房？「345」緊箍咒套著！
　大陸民眾入臺買房十年不足百套

新北市北投，淡水河邊的一處山坡地，這兒興建了「萬通臺北 2011」的高級住宅，總戶數 200 多套，定於 2014 年交付使用。該項目是陸資赴臺開

發的第一個房地產項目，大陸萬通集團與臺灣建商「南國建設」在新加坡合資成立新公司，開發了這個項目。

萬通掌舵者馮侖對外宣稱，「萬通臺北2011」主要客戶是大陸民眾。據莊孟翰透露，這些房子主要賣給旅居海外的大陸人，至2013年初已經預售了六七成，每坪六七十萬元，約合每平方公尺4萬多元人民幣，大約是同期新北市一手房均價的2倍。

臺灣2002年開放大陸個人赴臺買房，2009年開放陸企赴臺投資後，允許大陸企業赴臺買房。臺灣方面統計，從2002年至2012年底，大陸民眾以陸資名義在臺買房的，不到100套，主要是在臺有親戚朋友的大陸人購買。

大陸個人在臺買房，戴上了「345」緊箍咒：「3」指的是持有房地產3年內不得出售，「4」指的是房主一年內最多只能在臺停留4個月，「5」指的是購房貸款最多只能5成。大陸企業購房雖然沒有「345」限制，但是大陸企業購房僅限「自用」，購買住宅必須以在臺工作需要為前提，而不能像大陸個人一樣可在臺自由買房。

不過這百套房子當中，並沒有包括一些大陸人以外資名義在臺購房的，比如在2008年，福建地產商考察團成員在臺中一次性訂購了「鄉林皇居」12戶豪宅及一戶店面，作為各自企業在臺的招待所及聯絡處，總成交價13億元，這些商人均以香港、新加坡等外資名義買下房產。

有傳聞稱一些大陸民眾以臺灣的親戚朋友名義來買房，可是這方面沒有真實數據，莊孟翰認為即便有，也是極其個別的，畢竟這樣做風險很大。

因此，陸資並沒有吹皺臺灣住房市場的「一池春水」，在種種限制性規定之下，陸資赴臺買房，不太可能像傳說中的豪爽與可怕。廈門的臺灣食品進口商吳先生擔心，兩岸局勢是否能一直平穩，如果有朝一日在臺買了房子，人卻過不去了，那樣豈不虧大了？

▍臺北「一級戰區」住房供不應求
　民眾擔心大陸財團整片買下

臺灣島內普遍認為，對大陸開放後，臺灣住房價格必然大漲。事實上，經過 2008 年 9 月發生的全球金融危機之後大約半年，臺灣住房價格就開始重振精神，昂首向上。

臺灣房價有幾個層級，第一層級是臺北市，第二層級為其他「五都」（新北、桃園、臺中、高雄、臺南），第三層級為其他縣市。莊孟翰介紹，以 2012 年房價來看，臺北市一手房均價每坪達 79 萬元（約合每平方公尺 5 萬多元人民幣），新北、桃園 30 多萬元，臺中、高雄、臺南為 20 多萬元。

近年臺灣房價高漲，主要集中在臺北市。從 2003 年至 2008 年，臺北一手房每坪從 39 萬元漲到 60 萬元，之後再漲到 2012 年的 79 萬元，弄得臺北人怨氣高漲，房價成為他們的民怨之首。

就臺北市而言，信義區、大安區更是「黃金地段」，2012 年這兩個區的一手房均價每坪均超過了 120 萬元。臺北市頂級豪宅每坪房價甚至逼近 300 萬元，位於敦化南路的「敦南樞苑」開價每坪 280 萬元，該樓盤每戶面積 150—200 坪之間，意味著每戶至少要 4.2 億。位於臺北仁愛路的帝寶豪宅，一套二手房就賣出了每坪 280 萬元。

莊孟翰分析，臺北住房價格屢創新高，首先是供求因素。據臺灣「營建署」統計，2012 年第三季臺灣總戶數 763 萬戶，住宅存量共 820 萬戶，表示房子還多出家庭戶 57 萬戶。就「六都」而言，只有臺北住宅供不應求，其他「五都」均供過於求，這造成了臺北房源最為緊張。

除了民眾的內需，臺北房市還有旺盛的外需，特別在 2008 年兩岸關係大幅改善之後，許多大陸臺商衣錦還鄉，回流購買豪宅。他們在大陸累積了大筆財富回臺，卻找不到合適的產業投資機會，於是豪宅成為目標。頂新魏家兄弟先後在帝寶購買了 9 戶豪宅，香港壹傳媒老闆黎智英竟然一次性在臺北新生南路、毗鄰大安森林公園的「頂高麗景」買下 9 戶豪宅。臺北市政府公告的每坪均價超百萬、每戶均價 8000 萬元以上的豪宅，已達 1 萬多戶，這些豪宅也有力拉高了臺北整體房價。

再者，就是預期心理的作用。不少島內民眾紛紛卡位，買下房產地產，先養著，等將來租售給前來的陸商、陸客、陸生。因而，這幾道力量，共同演奏出臺北房價狂歡曲。

臺灣鄉林集團董事長賴正鎰認為，陸客赴臺自由行之後，大陸民眾到臺灣可以來去自由，這是他們購買臺灣房子的最大動力，也是臺灣房市面向陸客迎來的最好商機。2011年7月，赴臺自由行首批客人之一的北京市民顏瑩，到臺中參觀了鄉林集團項目「鄉林皇居」後大發感慨：「那根本就是一間超豪華酒店！其重視細節的程度令他嘆服——房子規劃時就注意到如何呈現最美的戶外景觀，以及建成後要種什麼樹。」

鄉林集團在臺北市建設的另一項目「鄉林大境」，筆者前往看到，有一套房子面積約100平方公尺，卻只有一個房間，其他的是客廳、餐廳、廚房等。賴正鎰介紹，這種房子是專門賣給到臺休閒的客戶，很適合一人或一小家到臺休閒遊的陸客。

除了陸客，還有陸商加持。大陸企業在臺設點，不僅催熱商用樓價格，也將催熱島內豪宅價格，一大批大陸員工將在臺灣長期工作、生活，這批人士同樣會成為在臺買房的新生力量。有些島內民眾就很擔心，大陸某個財團過來把整片地或整片樓買下來，再哄抬價格，將會造成無法承受的房價之重。

第二部分 TWO PART 投資衝動

第十四章　臺商經第三地登陸，增還是減？

兩岸投保協議給從第三地登陸的臺商服下「定心丸」，使他們不再棲身於不受法律保護的灰色地帶，這將給臺商登陸方式帶來什麼變化？經第三地登陸的臺商，今後將增加還是減少？

2012 年 8 月 9 日，兩岸兩會簽署《海峽兩岸投資保護和促進協議》（以下簡稱投保協議），這是兩岸雙向投資歷程中具有里程碑意義的事件。投保協議的一大亮點，就是把經第三地投資大陸的臺商，也納入了保護範圍，給多年來隱身「地下」的那些臺商一道「護身符」，他們不再是不受兩岸法令保護的棲身於灰色地帶的臺商。

▌大陸臺資半壁江山是間接投資

據大陸方面統計，截至 2013 年上半年，大陸累計批准臺資項目 88984 個，實際使用臺資 583 億美元；實際利用間接臺資也有 500 多億美元，合計利用臺資上千億美元。間接臺資指的是繞經第三地、以外資名義進入的臺資，而非從臺灣直接以臺資名義進入。

而據臺灣方面統計，僅就直接投資部分，臺灣早在 2011 年就已累計核准臺資投資大陸上千億美元。為何在直接投資部分，兩岸統計相差如此之大？這主要因為兩岸統計口徑不相同，大陸統計的是實際利用資金，臺灣統計的是核准投資金額，核准的投資未必就能兌現，或者還未兌現，核准投資與實際投資有一個時間差。

以 2011 年數據為例，據臺灣「投審會」統計，當年核准臺商投資大陸 575 件 131 億美元，分別比上年增長 11% 和 7%；但據商務部統計，當年大陸批准臺商投資項目 2639 個 21.8 億美元，分別下降 14% 和 12%。

在間接投資部分，兩岸認定方法也不一樣，監管渠道有差別，而且缺乏通氣，雙方對於這部分投資的統計同樣相差甚大。島內甚至有觀點認為，臺

商投資大陸直接、間接金額合計已在 3000 億美元以上，是大陸僅次於港資的第二大外資。

特殊歷史條件的「特殊產物」

數量眾多的臺資熱衷於繞經第三地登陸，有其特殊的歷史條件。在 1980 年代初，一些臺商看好大陸改革開放帶來的歷史機遇，於是躲開臺灣監管，在第三地註冊公司，以外資名義搶灘大陸。比如第一家投資大陸的三德興水泥，便以新加坡公司名義登陸。

在 1987 年臺灣開放民眾赴大陸探親之後，許多臺商藉探親之便，紛紛來到一水之隔的福建投資考察，並把視野從福建輻射至周邊。那時臺灣還未開放臺資登陸，臺商也只能經第三地以外資名義進入。

1992 年，大陸確立社會主義市場經濟發展方向，臺灣修改「兩岸人民關係條例」，允許臺商投資大陸，出現了臺商投資大陸熱潮。不過兩年後，李登輝實施「戒急用忍」政策，對投資大陸嚴格管制，按企業資產規模嚴格控制其投資大陸上限。陳水扁執政時期，對兩岸經貿實行「積極管理，有效開放」政策。

可以發現，在多年來臺資登陸歷程中，臺灣設置了一道道門檻，若有違規者，就可能受重罰或被追究刑事責任。在此情形下，繞道而行，成了相當數量臺商不得已的行為。在 1997 年之前，相當多臺企以港資名義登陸；1997 年之後，許多臺企改從開曼群島、維京群島進入大陸；2003 年之後，許多臺企又改為以港資名義登陸。

保護「轉投資」是歷史突破

這種頗具「兩岸特色」的繞道投資行為，在馬英九 2008 年上台之後，得到較大改變。馬政府把企業投資大陸上限從 20%、30%、40% 等階梯式計算法，統一調高到 60%；如果是營運總部設在臺灣的企業，赴大陸投資則不設上限。這為臺企投資大陸創造了更大空間。

這種空間除了投資上限之外,還包括:投資審查的鬆綁,一般投資案只需簡易審查;投資領域的擴展,相繼開放臺資投向大陸面板、芯片等敏感領域。

投保協議簽訂之後,納入經第三地投資的臺商,無疑消除了臺商畏懼被處罰而繞道的壓力,這是對兩岸特殊的歷史和現狀做出的回應。全國臺灣同胞投資企業協會常務副會長、龍鳳集團董事長葉惠德說,把經第三地投資大陸的臺商企業納入協議保護範圍,解決了長期以來的「臺商身分定義」難題。

上海市臺協副會長、元祖集團董事長張秀琬表示,把經第三地投資大陸的臺商企業納入保護範圍,一直是臺商呼籲寫入投保協議的焦點,由於這類企業為數眾多,對臺商而言,協議是一顆「定心丸」。

臺灣商業同業公會理事長張平沼也表示,投保協議將這些占有相當比例的「轉投資」臺商納入保護範圍,是一個非常大的突破,因為怕被打壓而經第三地的臺商會大大減少。

主動經第三地策略性投資或增加

廈門大學臺灣研究院經濟所所長唐永紅稱,投保協議關於第三地投資的條款主要用來解決歷史遺留問題,此前大陸單方面出臺的《臺灣同胞投資保護法》,針對的是直接投資的臺商,並沒包括經第三地的臺商。

唐永紅表示,2003年內地和香港簽訂CEPA之後,許多臺商為了利用香港的優惠政策,就跑到香港註冊公司轉投大陸,不過如今兩岸簽署了ECFA和投保協議,做出了一系列緊密經貿安排,經香港等第三地投資大陸的誘因自然減少了。

不過,今後仍會有部分臺商為了躲避臺灣的關卡,經第三地曲線登陸。比如投資大陸芯片和面板產業,臺灣均規定最新技術不能赴大陸,這顯然削弱了這類臺商在大陸的競爭力,所以繞道仍會是他們的選項之一。

對於經第三地轉投大陸,中國社會科學院臺灣研究所王建民研究員提出了一個新觀點,他認為今後經第三地投資大陸有可能增加。

他解釋說，以前經第三地，主要原因在於臺灣的限制，和對大陸的不瞭解，以外資進入比較方便，是一種被迫行為；而在投保協議之後，「第三地臺商」獲得了法令上的保護，更使他們可以放開手腳，大膽進行全球布局，激勵他們經第三地投資的行為，這時變成了一種主動行為。

　　例如將公司註冊在香港、維京群島、開曼群島等免稅或低稅地區，再投資大陸，不僅減輕了稅收負擔；而且從全球布局的戰略性層面考量，資金出入更加自由，不易受兩岸時局牽制，更有助於公司成為一家全球性的公司。從財稅和戰略意義考慮是否從第三地登陸，是今後臺商的主要考量點。

　　王建民強調，臺資經第三地投資大陸將出現什麼變化，是投保協議之後非常值得關注的一個點。

第十五章　臺商回流，可否匯流成河？

當初臺商奔湧大陸的大潮流，如今形成一個支流返回臺灣。這種回流只是一段小插曲，還是一個大趨勢？只是涓涓細流，還是將匯流成河？

全國臺企聯常務副會長、廈門臺商曾欽照來廈門投資二十幾年，近幾年越來越覺得這兒生意難做，人力、土地、水電、稅收等各種成本不斷上升，企業主營的電器遙控器、手提電腦觸控板、電腦鍵盤等電子產品，隨著平板電腦的普及而銷量大減，迫不得已，他也走上了從二產向三產的轉型之路。

他說，能轉型的就留下來，沒法轉型的只好離開。離開到哪兒？無非幾種選擇：一是往大陸內地轉移，二是往東南亞一帶轉移，三是回流臺灣。曾欽照介紹，臺商回流有兩種情況，一種是從大陸連根拔起回去，因為這種企業在大陸生存不下去了；另一種是著眼於兩岸的產業布局，這種是回流的普遍現象。

▎臺商回流越來越熱絡

據臺灣「經濟部」投資處統計，從 2002 年至 2006 年 9 月份以前，平均每年約十件臺商申請回臺投資案。2006 年 9—12 月，回臺投資 20 多件 20 多億元（新臺幣，下同），2007 年為 73 件 141 億元，2008 年 127 件 204 億元，2009 年 106 件 362 億元，2010 年 107 件 409 億元，2011 年 62 件 469 億元，2012 年 57 件共 519 億元。

自 2012 年 11 月至 2014 年底，臺灣實施「加強推動臺商回臺投資方案」，規劃要用 2 年多時間促成臺商回流 2000 億元，其實至 2013 年上半年，就促成了臺商回流 1800 多億，進度遠超預期。

可以看出，從 2007 年以來，臺商回流金額幾乎每年躍上一個新台階。回流企業包括康師傅、旺旺、85 度 C、天福茗茶等一批在大陸高知名度的臺企。以生產康師傅泡麵聞名的頂新集團，擬投入 2 億美元回家鄉臺灣彰化建設頂新文化園區，以展示其在大陸成長壯大的發家史。

在回流臺商當中，八成以上屬於大陸臺商。許多大陸臺商預期 2008 年國民黨將勝選，看好兩岸開放前景，因此從 2007 年開始陸續回流投資。南開大學臺灣經濟研究所主任曹小衡教授認為，隨著兩岸關係持續好轉，回流臺資會越來越積極、越來越熱絡，這種趨勢已十分明顯。

曾經，臺商浩浩蕩蕩來到大陸；如今，他們絡繹不絕返回臺灣。是什麼促使他們踴躍回流？今後臺商回流是否能夠匯流成河？

大陸經營成本上漲快

廈門臺商黃如旭的部分產品生產選擇了向菲律賓轉移。他主營箱包、皮帶等產品，這類傳統行業屬於勞動密集型產業，對勞動力成本十分敏感，菲律賓勞動力成本約為大陸一半。

曾欽照表示，很多人以為大陸勞力便宜，其實不然。大陸勞工的工資很大程度不是由市場機制來決定，而是由政府決定，政府規定勞工基本工資每年調漲幅度，「十二五」期間更是規定年增速要在 15% 以上，令企業的人力負擔沉重。

富士康從廣東北移到四川、山西、河南等地，原以為有大批廉價勞動力，但事實上仍然遇到招工難問題。鄭州官員為解決這一問題，還肩負了為富士康鄭州廠招工的任務。2012 年 10 月，富士康鄭州廠因為人手緊缺，又要趕工 iphone5，使得不少工人無法如期休息，釀成了千人罷工事件。

曾欽照稱，大陸高昂的經營成本除了勞力，還有土地使用稅費、環保費等各種稅費，相對來說臺灣的生產經營成本比較單純。以企業所得稅來說，大陸是 25%，臺灣是 17%。

曾欽照覺得臺灣除了「土地少、人力少」的劣勢之外，地理、政策環境很適合企業做出口生意，尤其這些年臺灣經濟停滯發展，生產要素成本已相對便宜，只要臺灣有合適的投資機會，他也會返臺投資。

臺灣知名財經人士、前立委雷倩認為，多年來臺灣經濟相對停滯發展，使得臺灣在某些產業和地方產生了價格優勢，不再是一個昂貴的生產要素市場了，而且有高素質的人力配套，對大陸臺商返回產生了一定吸引力。

臺灣優惠力度加碼

正當很多大陸臺商徬徨於何去何從之際，臺灣向他們伸出了橄欖枝。2012年11月臺灣啟動的「加強推動臺商回臺投資方案」，分別從資金、人力、用地、關稅等方面予以支持，這是歷年來臺灣吸引臺商回流力度最大的一系列優惠政策。

從2008年全球金融危機爆發以來，臺灣便積極尋求各路資金，以增加經濟活力。然而島內民間投資2008、2009年相繼負成長，2010年反彈，同比增長33%，但從2011年第三季至2012年上半年，隨著歐債危機蔓延擴大，民間投資連續四季負成長。

在吸引外資方面，從2008至2011年每年平均引資約55億美元，相比以前明顯下滑。據臺灣「投審會」統計，從2004至2007年，臺灣吸引外資金額分別為39.5億美元、42.2億美元、139.7億美元、153.6億美元。不難看出，後四年與前四年相比，外資投資臺灣，成長乏力。

而在吸引陸資部分，臺灣態度謹小慎微，不敢邁大步，從2009年6月30日至2013年底的4年半，僅核准通過陸資8.6億美元，對待陸資依然採取「正面表列」的歧視做法，陸資赴臺短期內難有大突破。

因此，吸引臺商回流，被臺灣寄予厚望。馬英九政府把遺產贈與稅從上限50%的五級稅率，調降為單一稅率10%，把企業所得稅從25%調降到17%。陳水扁任內時也出臺了土地、融資、租稅等優惠政策，推出2000億元的臺商回臺專項貸款，實行土地租金「006688」（即前兩年零租金，第三、四年租金6折，第五、六年8折）優惠。

只是，陳水扁任內吸引臺商回流失敗。廈門春保鎢鋼總裁廖萬隆說，企業要有投資機會，如果回到臺灣賺不到錢，條件再優惠也沒用。臺灣中原大

學呂鴻德教授認為，成長機會遠比優惠政策重要，哪兒有利潤，哪兒有市場，臺商便往哪兒走。

▎向大陸開放是最大誘因

觀察近年來的臺商回流歷程，開放是最大誘因。陳水扁主政臺灣 8 年，為了「根留臺商」，阻斷資金流向大陸，實行「鎖臺」政策，非常反諷的是，這加速了資金流湧向大陸，讓臺灣深受「失血之痛」。

馬英九主政後，採取向大陸開放政策，首先拿掉了戴在大陸臺商頭上多年的「40% 緊箍咒」，上調至 60%，如果臺商把總部設在臺灣，那麼對大陸投資不設上限。臺商以海外控股公司名義在臺上市，募集資金也可全數投資大陸。

雷倩女士稱，2008 年兩岸「三通」，使過去臺商被迫離開臺灣到大陸投資的必要性降低了，今後他們在臺灣同樣可以經略亞洲、全球市場，兩岸未來可持續的開放態勢，使臺商返臺信心增加，這是臺資回流的最重要誘因。

2010 年兩岸簽署了經濟合作框架協議（ECFA），之後簽署了後續的投資保障協議和服務貿易協議，加上 2012 年兩岸簽署的貨幣清算合作備忘錄，一系列開放政策增加了兩岸生產要素流通的便利性，大幅降低了流通成本，兩岸開放成為臺商回流的最大驅動力。

雷倩認為，臺灣如果能形成三個「中心」，臺商回流將成大潮：一、成為集資中心，獲得充沛資金，創造金融服務業的春天；二、成為知識經濟中心，把智慧財產權轉化成經濟效益；三、成為臺商全球營運中心，臺商在臺北經略亞洲，甚至全球。

不過，廈門大學臺灣研究中心副主任、博導李非表示，大規模投資臺灣的時候已經過去，現在資金回流屬於正常的經貿現象，臺商會繼續向大陸內地轉移，尋找新的投資機會，回流終將是一股小潮流！

▌回臺炒房需引起警惕

這些年，臺灣不少高速公路旁邊，「歡迎臺商回來購房」的宣傳語比比皆是，一些臺商幾百畝上千畝買地。廈門臺商楊鴻明一直很關注回流臺資的去向，據他觀察，這些資金相當多流向了房市、股市。許多在大陸成功發展的臺商，衣錦還鄉購置房地產，特別在臺北繁華地段購置豪宅，已成為一種新趨勢。

廖萬隆說，新北、臺中、高雄、臺南等城市房價其實並不高，升值空間不小，拉回不少臺資卡位。另外，大陸民眾赴臺旅遊日益熱絡，有不少回流資金奔向觀光旅遊行業，忙著蓋旅館酒店、建休閒別墅。

臺灣政治大學經濟系教授林祖嘉擔心很多臺商回來炒房地產，臺北市房價就被炒高了，尤其是臺北的頂級豪宅主要是被臺商炒熱的，他希望臺資能回流到實體經濟，增加就業機會，增加政府的稅收。

曹小衡說，不同企業有不同的需求，如果是高科技導向的臺企，會更加看重島內能否在技術人才、創新扶持政策上有相關配套。技術型廠商需要研發成果，臺灣有人才，並且比較具有從日本、歐美引進新技術的管道。而資金密集型企業回臺灣比較容易上市或借款，返臺可能性也高。

如果是市場導向的企業，考慮重點是物流成本。臺商回流後，銷售產品的物流成本是增加了還是減少了，會是他們的思考重點。如果是主要市場在大陸的臺商，返臺設廠可能性低，他們思考重點是就近銷售。

許多生產電子產品的臺商也在蠢蠢欲動，電子產品回臺組裝能增加附加價值，在很多海外客戶看來，「臺灣製造」比起「大陸製造」更有可信度，產品售價就能提高。

第三部分　THREE PART　財金脈動

◎兩岸金融中心「搶試」，只爭朝夕！

◎臺北人民幣離岸市場的廈門機會

◎兩岸「貨幣直航」號角吹響

◎貨幣直航時代三大猜想

◎兩岸股市直達車大陸鳴笛起步

◎臺灣「財政破落戶」如何形成？

◎臺灣地方財政「造血」功能萎縮

◎歷經波折，臺灣證所稅能走多遠？

◎「逗你玩」的臺灣證所稅

第十六章　兩岸金融中心「搶試」，只爭朝夕！

全國唯一的兩岸區域性金融中心，廈門搶盡了媒體風頭。不過在聚光燈背後，該中心卻有著「少年維特式」的成長煩惱。該如何長大，該長成什麼樣子？真是一個問題！

初夏，廈門環島路兩旁景色更加青蔥，樹木婀娜，一派南國醉人風姿。在這條路的外側，是白沙碧海，魚群戲浪，鳥兒逐波。

從廈門會展中心沿環島路北上，外側景點有香山國際遊艇碼頭、觀音山遊樂區、五通燈塔公園等，休閒遊樂味濃厚；內側則是商業色彩濃厚，一路上去有廈門會展中心、會議中心、軟體園二期、觀音山商務營運區、萬達廣場等。

從會展中心一直到五緣灣南路，位於環島路內側與環島幹道之間 6.5 公里長的狹長地帶，面積約 22 平方公里，有個統一名稱「兩岸金融中心」，它經國務院批准設立，並寫入全國「十二五」規劃和《海峽西岸經濟區發展規劃》。

2013 年 6 月，廈門兩岸金融中心獲得國務院批准滿三週年，作為全國唯一的兩岸區域性金融中心，它從被批准之日起，便吸引來全國關注的目光。

現狀篇

臺資金融群聚效應不彰

在廈門兩邊的金融城市，一邊是上海，面向海外，向全球吸納金融精英；一邊是深圳，緊靠全球性金融中心香港，作為香港金融大港的輔港。上海、深圳之間的海峽西岸經濟區，可視為兩大金融板塊間的窪地，即兩大金融城市無法有效輻射的區域，廈門由此空隙崛起於金融城之列。

廈門還與另一金融城市臺北遙相呼應，彼此隔著臺灣海峽，一衣帶水，命運相連。廈門與上海、深圳的最大不同處在於，廈門是「兩岸區域性金融中心」，它打的是兩岸牌，輻射的區域是海峽西岸經濟區以及臺灣。因此，能否打好兩岸牌，事關兩岸金融中心成敗。

　　如何打兩岸牌？廈門大學臺灣研究院經濟所副教授石正方指出，兩岸金融中心建設思路是在此前廈臺金融合作個案基礎上，透過擴大試點，吸引更多臺資金融項目和臺資金融機構入駐，形成臺金融機構的群聚效應，併力爭成為大陸各大金融機構對臺金融交流合作的窗口、基地。

　　然而截至 2013 年 6 月，臺灣 10 家銀行在大陸共設立了近 20 家分行，沒有一家分行落戶廈門乃至海峽西岸經濟區，臺銀行業者的最愛仍是上海輻射區域長三角，其次是深圳輻射區域珠三角。銀行業是金融領域的核心產業，因對臺而設立的兩岸區域性金融中心，卻沒有吸引來臺銀行業者的關愛眼神。

金融機構設立總部少

　　至 2013 年 6 月，兩岸金融中心已獲批 3 週年，開工建設超過 2 年，據兩岸金融中心指揮部統計，合計落戶項目與在談項目 300 多個，預計投資額為 580 億元，已完工 38 棟大樓，在建 78 棟大樓，標誌性建築兩岸金融中心大廈高 200 多公尺，不日將投入使用。

　　兩岸金融中心大廈傲立於廈門東海岸，毗鄰廈門國際會議中心，視野輕鬆越過香山國際遊艇碼頭，投向了遠方深藍色的海天交界處。

　　現已入駐或欲入駐金融中心的金融機構當中，絕大多數為駐廈辦事處或廈門分公司，而罕有區域性經營總部或大陸經營總部，入駐機構層級過低，必然影響兩岸金融中心的輻射能力。2011 年底，廈門市政府曾經出臺規定，對新設立或新遷入金融中心的法人金融機構最高獎勵 3000 萬元，以鼓勵金融總部建設。

　　臺籍證券分析師、東莞證券廈門營業部首席顧問楊博光稱，中高階人才通常跟隨總部腳步走，辦事處主要吸引低階人才，所以廈門要努力爭取總部

級的金融機構入駐,吸引高端金融人才匯聚。只有總部金融機構聚集了,金融中心才算名副其實。

廈門大學臺灣研究院經濟所唐永紅所長認為,廈門輻射區域的經濟規模、產業配套、內外通道,都不如長三角、珠三角,要想吸引臺金融機構過來,必須有更加優惠的政策,但至今沒看到廈門有勝過上海、深圳的優惠政策,造成了今天臺金融機構不來聚集的現狀。

在唐永紅看來,優惠政策遠遠不是獎勵多少,金融機構看中的不是一點點獎勵,而是在廈門可以做其他地方不能做的業務,做事情的空間更大,公司的發展空間更大,這個才是金融業者最在乎的政策!

廈門應建兩岸金融學院

楊博光指出,打造兩岸金融中心,一方面要讓大陸認識臺灣金融業,另一方面要讓臺灣認識大陸的金融業,讓兩岸金融人才認識對方的法律、制度、環境等,這在當前做得很不夠。沒有瞭解,便談不上融合,金融人才交流是金融中心建設的先頭工作。

為了吸引臺金融人才前來,楊博光舉例說,廈門能否首開先例允許他們可以使用廈門臨時身分證,以此讓他們享受到廈門的市民待遇?楊博光「現身說法」介紹,他在廈門交了 2 年住房公積金,2013 年初突然被告知不能交了,因為他是臺胞,「如果我用廈門臨時身分證,應該就沒這個問題了吧」。他說,他沒在臺企上班,而是在大陸企業上班,為什麼不能像陸企其他員工一樣交公積金?

楊博光強調,對一個高端人才而言,人才獎勵、住房補貼是一方面,但是更重要的是讓他們能夠隨企業融入當地,融入市場,隨企業發展而發展,並進而領導企業成長。

廈門銀行臺商業務部總經理吳至祥建議稱,廈門應該籌建兩岸金融學院,促成兩岸金融人才大交流,把金融格局做大,請來兩岸專家授課,並發給學員跨兩岸金融執業的證照,最終把廈門打造成兩岸金融人才高地。此舉不僅

有助於讓廈門金融城的臺味更濃，而且有助於吸引更多金融機構前來設立區域性總部。

挑戰篇

層級過低　觀念誤區
爭取開放政策不易

　　唐永紅所長指出，兩岸金融中心硬體建設操之在我（廈門市），這個好辦，但是軟體建設操之在上頭，最重要的是爭取中央的支持。他點出問題本質是「頂層設計」，兩岸金融中心最大瓶頸是缺乏頂層設計，它包括特殊立法、特殊體制、特殊政策三方面，有無「三特」，是決定兩岸金融中心成敗的關鍵。

　　唐永紅表示，照理說試驗區應該有特殊體制，即層級很高的領導小組，這個小組要由各部委抽人組成，直接隸屬中央。可是廈門兩岸金融中心沒有「三特」，因為沒有中央層面的直接領導，一方面要縱向爭取主管單位「一行三會」（中國人民銀行和證監會、銀監會、保監會）的支持，一方面要橫向爭取中央相關部委的支持，只好忙於「跑部運動」，遊說優惠政策。

　　可是上頭要求兩岸金融中心能夠把原則性要求予以細化，就是說你適合做什麼，能夠做什麼，我再給你什麼優惠政策。臺灣大學財務金融系教授沈中華稱，一個金融中心不可能什麼業務都做，要有主攻方向，才有核心競爭力，比如資產管理中心（幫富人理財）、企業籌資中心（幫企業融資），還是外匯集散中心？這關乎金融中心這艘航船駛向何方。

　　唐永紅卻持不同觀點：「規劃先行是錯誤觀念，它有極大的風險！」如果相鄰的臺北，或上海、深圳做了這個業務，廈門怕競爭不過，是否就不做了？他以為，做不做什麼業務，關鍵看市場需求，一點競爭都沒有的領域，反而做不好，當然過度競爭也不易做。

　　唐永紅認為，每個金融中心的特點不是事先規劃好的，是在競合過程中慢慢形成的，所以要先全面發展各項業務，優勝劣汰後自然形成支柱性產業，

市場永遠比專家聰明。「因為規劃依據是當前的比較優勢,但是優劣勢在不斷轉化之中,一開始就搞差異化競爭很危險。」

因此,兩岸金融中心當務之急不是去思考該做什麼,上頭也不要抱持「你適合做什麼,我就給你什麼政策」的迷思。「瑞士有什麼鐘錶資源?卻發展為全球最知名的鐘錶產業聚落,這個誰能事先規劃出來?」唐永紅反問。

唐永紅分析,廈門兩岸金融中心優惠政策推出緩慢,問題就出在老是考慮適合做什麼,再向上頭爭取相關優惠,這是計劃經濟的思維,而非市場經濟的腦袋。

這就好比一個小孩很小時,家長就規劃小孩以後要成為什麼「家」,這幾乎都是失敗的。小孩將來有什麼作為,靠小孩在社會中去磨煉、摸索,最終找到適合本人的發展道路。

怕被「矮化」想要「對等」
臺灣持消極、戒備心態

兩岸金融中心面臨的另一挑戰是臺灣方面的配合熱情低。兩岸金融中心作為金融特區,既要有大陸的開放政策,也要有臺灣的政策與之相呼應。否則,大陸允許臺業者來到試驗區,但臺灣政府不放手,臺業者還是無法過來。

唐永紅介紹,兩岸金融中心和臺灣規劃的「六海一空」自由經濟示範區,都是兩岸在整體開放推進之前的先行試驗區,整體面、區域面開放「雙軌同進」。海峽西岸經濟區、平潭實驗區也體現了這個思路。然而臺灣方面對海峽西岸經濟區的這些試驗區一直不太積極配合,臺灣著眼的是兩岸整體面開放的推進。

就如臺灣雖然規劃了「六海一空」自由經濟示範區,於2013年8月8日正式上路,可是自由經濟示範區歷經了波折,已延宕多年,即便如此,至今依然遭到島內綠營的強大反彈聲浪,其推進力度有多大,成效有多大,需審慎樂觀。

臺灣不願在區域面開放「隨海峽西岸經濟區起舞」,除了綠營因素之外,其不想被「矮化」的對等思維也是重要原因。吳至祥總經理說,臺灣政府覺

得與大陸政府是平等的,所以不想「自貶身價」跟大陸一個區域去談;再說,臺灣與大陸談整體層面的開放,獲得的利益更大。

因此,對於廈門搞兩岸金融中心,臺灣抱持著消極、戒備的心態,這在相當程度上影響了兩岸金融中心的發展。

整體開放　加速推進
擠壓試點的開放政策空間

兩岸金融整體面開放速度的加快,也使這個被賦予「先行試驗大陸對臺金融合作的重大金融改革創新項目」的金融中心,面臨日益嚴峻的挑戰!

2009 年 4 月,兩岸簽署框架性的《海峽兩岸金融合作協議》,當年 11 月簽署實質性的《兩岸金融監管合作備忘錄》,2010 年 1 月生效,標誌著兩岸金融業的實質開放。2010 年 12 月,臺灣第一商業銀行上海分行開業,成為臺灣銀行業「登陸」經營首例;2012 年 7 月,中國銀行臺北分行開業,開創陸資銀行赴臺經營的先河。

為了給兩岸金融合作摸索經驗,大陸沿用了試點先行的做法,考慮到廈門對臺區位優勢,以及之前富邦銀行參股廈門銀行、臺灣人壽與廈門建發合資成立君龍人壽等個案經驗,2010 年 6 月國務院同意在廈門建立兩岸區域性金融服務中心,次年 3 月全國發布「十二五」規劃綱要,提到「推進廈門兩岸區域性金融服務中心建設」。

接下來的兩三年,兩岸金融開放速度超出了許多人的預期:大陸銀聯卡可以在島內刷卡、取款;兩岸貨幣清算機制上路,貨幣直航開啟;臺灣開辦人民幣存匯款業務;大陸境內的臺灣居民開始炒 A 股了⋯⋯

與此同時,大陸單一銀行投資臺灣上市櫃的銀行或金控,上限從 5% 提高到 10%;所有陸資銀行投資臺上市櫃的銀行或金控,上限從 10% 提高到 15%。相對應地,大陸允許臺資銀行在一個省區內跨市設立支行。中國工商銀行協議認購臺灣永豐商業銀行 20% 股份,成為首家透過參股方式投資臺灣金融業的大陸銀行。

這些表明，兩岸金融開放正在從 1.0 版本迅速升級為 2.0 版本，並將升級到更高的 3.0、4.0 等版本。兩岸金融開放整體面的推進，為兩岸金融交流打開了更廣闊的空間和領域，自然也包括廈門；但是也使廈門兩岸金融中心可獨享的政策開放空間受到擠壓，金融試驗區的優勢在急劇縮小，這是廈門的重大挑戰！

出路篇

圍繞兩岸，全面爭取優惠政策

「與上海、深圳這兩個金融城市相比，其實廈門也有優勢，就是空氣好，環境好，生活舒適度高，但是一定要有開放政策相配套，廈門才有競爭力。」吳至祥表示，目前兩岸金融中心除了給予金融高管收入的稅收優惠，以及獎勵法人機構入駐之外，基本上沒有其他優惠政策。

「金融中心不能光蓋大樓，如果引不來金融機構，這些樓就會成為蚊子館。」吳至祥說，優惠政策一來，到時候再多大樓也不夠用。

唐永紅所長也稱，不能光看現在已入駐兩岸金融中心的數字，許多業者是冒著風險進來的，如果他們看不到優勢所在，將來也會遷移到其他地方。

舉例說，做大兩岸金融中心的企業融資業務，前提是要確保足夠多的「銀彈」。現在境內的企業總部向境外融資，要經過外管局、發改委等部門審批，廈門能否嘗試「開小灶」，打通審批的層層關節？這樣不僅能吸引銀行前來設立區域或大陸總部，而且可吸引企業來設立總部。

企業總部多了，企業以廈門為中心輻射全球的資金流通量就大，金融商品增加，反過來又會吸引更多銀行前來服務。一些全球性的金融中心，由於金融衍生業務繁榮，其外匯進出額甚至是對外貿易額的幾十倍之多。

唐永紅建議，廈門向上頭爭取優惠政策時，不要被「我適合做什麼，我就爭取什麼」的思路束縛，因為一個地方適合做什麼，是一個高難度的問題，廈門應該全方位開放，只要大陸還未向外資金融開放的政策，都要積極爭取過來，先行先試之後，讓市場自然選擇。

考慮到廈門金融城的兩岸特色，開放政策應當圍繞兩岸主軸。吳至祥說，例如放寬各家銀行的外幣、人民幣放款額度，可規定前提條件是與兩岸投資、貿易相關的融資要占到一定比例，以此激勵金融機構扶持兩岸經貿交流。

降低准入門檻，擴大經營領域

唐永紅指出，開放政策主要包括兩大方面：一是降低准入門檻，讓更多金融機構進駐；二是擴大經營領域，讓它們進入後可以做更多業務。

臺金融機構普遍規模小，資本額少，大陸規定外資保險公司的准入門檻是「532條款」，即保險公司總資產50億美元、經營保險業務30年、設立代表機構兩年以上。2010年ECFA（兩岸經濟合作框架協議）早收清單中，以臺資保險所在金控集團50億美元作為資本門檻。廈門可否在此基礎上進一步降低門檻，以體現試驗區優勢？

ECFA早收清單把臺資銀行登陸門檻從「232條款」降到「121條款」。「232條款」指外資銀行來大陸設立辦事處兩年才可升為分行或子行，分行或子行營業3年、最近兩年盈利才可經營人民幣業務。「121條款」則相應在每個環節上減少了一年。唐永紅建議，廈門兩岸金融中心可嘗試把「121條款」變「11條款」，臺資銀行過來就能直接設立分行或子行，營業1年並盈利1年就能經營人民幣業務。

臺灣政治大學經濟系特聘教授林祖嘉也稱，大陸規定臺資銀行參股大陸銀行比例要低於20%，廈門如果能放寬到49%，對於臺資銀行會具有很大鼓舞性。他說，臺灣加入WTO以後，外資銀行併購臺灣銀行便沒有任何限制，可以百分之百控股，這反而促使本土銀行更加注重提升自身競爭力。渣打銀行就把新竹銀行的幾十個分行全買了，百分之百控股。另外，臺資保險業在大陸成立合資公司，按規定參股不得超過50%，並且合作方須為國企，廈門能否就此也有所突破？

從自由化到對臺離岸金融中心

雖然，兩岸金融開放是一個動態的不斷演進過程，還有許多未開放領域，需要一步步放開，廈門依然有許多先試空間；但是，兩岸金融整體開放在加

第十六章　兩岸金融中心「搶試」，只爭朝夕！

快推進，逼迫廈門這個兩岸金融試驗田必須「只爭朝夕」，搶在大部隊行進之前，擔當起偵探兵探路的角色。

唐永紅表示，長遠來看，廈門兩岸金融中心的試驗之路，應該沿著這條路徑前行：從正常化到自由化，再到外資享受內資同等的國民待遇，最後發展成對臺離岸金融中心。只有這樣，兩岸金融中心的試驗空間才能不斷擴張。

金融開放最初階段是正常化，指的是雙方遵循 WTO 規則，並按照向 WTO 承諾的市場開放與准入水平要求，雙方金融機構可彼此進入對方領地經營。按國際慣例，雙方開放金融市場先正常化，再自由化，但是兩岸情況特殊，當前臺灣向大陸金融開放還在向正常化邁進，大陸向臺灣金融開放已向自由化邁進。

2010 年初兩岸金融監管合作備忘錄生效之後，大陸對臺灣金融業的開放就實現了正常化水平，臺金融業在大陸享受到外資金融業的待遇。在 2010 年 6 月 ECFA 服務貿易早收清單當中，這種開放由正常化邁向了自由化，臺金融業獲得了比一般外資更優惠的特殊安排，調降了准入門檻，例如銀行業「登陸」條件由「232 條款」降至「121 條款」，保險公司資金門檻參照所屬金控集團。

不過唐永紅強調，兩岸金融業規模、體量差異太大，決定了透過 ECFA 推進金融自由化的過程要比較漫長，需要分步走，在這個進程中，廈門必須把握住機遇。

吳至祥與唐永紅都贊同，兩岸金融中心的終極目標是成為對臺離岸金融中心，不受在岸法規的管轄，兩岸貨幣進出自由。「展望未來，隨著全球資訊電子化水平、區域經濟緊密程度、自身核心競爭力的提高，兩岸金融中心輻射範圍勢必從最近的地方開始，猶如漣漪，一圈圈由內往外蕩漾開來，直至很遠。」唐永紅如此描述著兩岸金融中心的遠景。

第三部分 PART THREE 財金脈動

第十七章　臺北人民幣離岸市場的廈門機會

人民幣國際化之路，猶如一艘大船在全球航行，人民幣離岸交易市場是這條國際航線中的大港，臺北如果成為大港，廈門有望當其輔港，這是廈門兩岸金融中心的巨大商機。

截至2013年底，臺灣金融機構的人民幣存款突破1800億元，其中，臺銀行的國際金融業務分行（OBU）人民幣存款444億元，外匯指定銀行（DBU）的人民幣存款1382億元。

這時離臺灣外匯指定銀行當年2月6日開辦人民幣存款業務不足一年，而作為目前全球唯一的人民幣離岸交易中心香港，2004年1月開放人民幣存款業務，到2009年底人民幣存款才達到627億元。

顯然，人民幣在臺灣發展速度遠勝當年的香港。當前，新加坡、倫敦、巴黎、臺北等城市都在爭奪第二個人民幣離岸交易市場，臺灣對此信心滿滿，積極展開了人民幣多項業務。

臺灣人民幣資金池不斷做大，對最鄰近的廈門而言，也意味著龐大的人民幣商機。

島內人民幣資金池做大

臺灣人民幣存款累積速度較香港快，主要得益於跨境貿易結算。香港雖在2004年1月開放人民幣存款業務，但後來才逐步開放人民幣跨境結算。從2009年7月人民幣跨境業務試點以來到2013年上半年，人民幣跨境結算超過了內地貿易額的10%，就是說每10元進出口業務中，有1元是以人民幣來計價結算的，當時人民幣已成為全球第13大貿易交易貨幣。

2012年臺灣對大陸貿易順差954億美元，2013年順差增至1160億美元，年順差額與香港現有的人民幣資金池規模相近，今後如果每年臺灣順差額只要有20%以人民幣計價，三五年便可達到香港的人民幣規模。

自2012年以來，人民幣商機在島內從理想一步步變成了現實。2012年8月，兩岸簽署了《海峽兩岸貨幣清算合作備忘錄》，兩個月後生效，開啟了兩岸貨幣直接、雙向流通時代，為島內建設人民幣資金池創造了條件。

此前，人民幣和新臺幣因為沒有清算機制，無法直接現鈔兌換或貿易結算，必須繞經香港先換成美元或港幣，時間長，手續費高，並且多一環節的匯兌風險。同時，臺灣金融機構無法及時、直接、充分地獲得人民幣供應。2012年下半年，中國銀行臺北分行成立，解決了人民幣在島內的供應問題，為人民幣資金池開通了「水管」。

下一步，兩岸還將啟動貨幣互換協議，島內勢必獲得更充裕的人民幣供應。島內人民幣數量多了，必須創造更多的人民幣金融商品，以多樣化商品來「消化」這些人民幣。2012年9月，臺灣推出了「兩岸特色金融業務」，作為今後臺金融業的最重要發展方向，兩岸特色金融其實就是指與人民幣相關的業務，包括人民幣存匯款、人民幣債券、人民幣保單、人民幣基金等。

人民幣資金池需要回流

臺灣的人民幣資金池，池水不足時需要大陸及時補充，池水過剩了，一部分會流向海外，一部分要回流大陸，只有形成了這種良性循環，資金池才能流水不腐、活力不竭。

2013年3月12日，臺灣「中信」銀行發行了島內第一檔人民幣債券「寶島債」，發行面額共計39億元人民幣。人民幣債券可以幫助企業向民眾融資，民眾手頭人民幣多了，用來購買債券可獲得比銀行存款利息更高的回報，企業可藉此解決向銀行融資難問題。此外，「寶島債」融來的人民幣投資到大陸，實際上形成了一條人民幣回流管道。

香港在建設人民幣交易市場過程中，發行了人民幣債券「點心債」，從2007年起至2012年底，已發行超2900億人民幣。不過，「點心債」最初遠沒有這次「寶島債」風光，「寶島債」不僅受到島內青睞，一些海外機構也嗅到了商機，表示要入臺發行「寶島債」。臺金管會表示，寶島債發行主體還要從臺企擴及大陸企業。

2013 年 12 月 10 日，交通銀行、中國農業銀行、中國銀行、中國建設銀行等四家銀行的香港分行在臺同時推出「寶島債」，總計發行 67 億元人民幣。

人民幣另一條重要的回流管道，是兩岸銀行間的人民幣同業代理帳戶。比如說，臺北富邦銀行與廈門銀行簽訂了人民幣代理清算協議，臺北富邦銀行在廈門銀行開設有人民幣同業代理帳戶，臺北富邦銀行可透過廈門銀行與大陸各地銀行進行人民幣結算，此舉自然方便了島內企業人民幣回流大陸。

2013 年 2 月起，臺灣民眾可以每天匯 8 萬元人民幣到大陸，7 月為此開通人民幣中文匯款平臺。到 2013 年底，臺灣人民幣匯款總額首破千億元大關。臺灣開放民眾向大陸的人民幣匯款，又是一條新的回流管道。

香港發展人民幣業務前幾年，進展緩慢。2010 年人民幣回流機制建立後，當年人民幣存款從上年的 600 多億增加到 1000 多億。2012 年底人民幣資金池（包括存款、投資、貿易額等）超過 6000 億元。臺灣現有存款 30 多萬億新臺幣，只要有 10% 轉為人民幣存款，就有 7000 多億人民幣，超過現在香港人民幣資金池規模。由此帶來的人民幣回流，正是廈門應該把握的龐大商機！

廈門應發揮兩岸金融中心優勢

在東莞證券廈門營業部就職的臺籍證券分析師楊博光比喻，人民幣國際化之路，猶如一艘大船在全球航行，人民幣離岸交易市場是這條國際航線中的大港，比如香港是大港，深圳是香港的輔港。

將來，臺北如果成為繼香港之後的人民幣離岸第二個大港，屆時廈門便可充當臺北的輔港。大港的人民幣進出自由，作為輔港，也需配套人民幣自由進出政策，大港貨源過剩時從輔港回流到大陸，貨源不足時透過輔港予以補給。

楊博光表示，人民幣離岸大港的人民幣必須進出自由，輔港也要相對應地人民幣進出自由，這樣主輔港才能互動起來。廈門是兩岸區域性金融中心，

有條件實現兩岸貨幣進出自由。廈門的這個功能，為當好臺北輔港奠定了基礎。

實際上，廈門已經開始了一些探索。廈門是大陸第一個提出建立兩岸跨境人民幣結算清算群的城市，至 2013 年底，廈臺兩地已有 28 對 56 家銀行簽訂了人民幣結算清算協議，也就是說有 28 家島內銀行在廈門設立了人民幣同業代理帳戶，搭建起人民幣回流的便捷通道。

廈門銀行臺商業務部總經理吳至祥稱，廈門應該多組織大陸的中小企業到臺灣籌資，臺灣無論是銀行借貸，還是債券發行，融資成本都遠低於大陸。中小企業在大陸融資不易，所以在廈門組團陸企入臺籌資可行性高。這樣不僅幫助大陸中小企業取得資金，而且有利人民幣回流。

第十八章　兩岸「貨幣直航」號角吹響

　　兩岸繼通郵、通航、通商之後，迎來了通匯。兩岸之間「幣暢其流」，將帶動貨暢其流、人暢其流，從而深刻影響到兩岸經貿布局與民眾日常生活。

　　2013年2月6日，離蛇年春節還有幾天，不過處處已洋溢著濃濃的節日氛圍。這天，對於兩岸金融業者來說，更是人逢喜事精神爽。

　　這天，大陸直接運往臺灣的人民幣，正式與島內民眾見面，他們自此可以在島內銀行開設人民幣存款帳戶，並進行人民幣投資理財。

　　同一天，首批2500萬元新臺幣現鈔也從臺灣運到了大陸。臺灣銀行作為大陸地區的新臺幣清算行，當年4月2日正式啟動了人民幣與新臺幣雙向兌換，並直接向大陸銀行供應新臺幣，大陸銀行無需再繞道香港取得新臺幣現鈔。

　　兩岸貨幣直航正式開啟了！兩岸繼通郵、通航、通商之後，迎來了通匯。貨幣直航除了兩岸現鈔直接供應對方之外，更解決了兩岸貿易過程中兩岸貨幣的直接清算問題，告別以往必須藉助美元、港幣等第三方貨幣進行清算的歷史。

▌臺商楊先生的地下匯兌經歷

　　此前，廈門臺商楊先生一次到廈門的銀行匯款到臺灣，不僅手續十分煩瑣，而且每天匯款額限制嚴格，手續費很高，他覺得匯款成本太大，一會就走出了銀行。

　　他採取了一種變通辦法，先在大陸找到需要人民幣的臺商，比如給對方100萬元人民幣，再由對方在臺灣的母公司把等值新臺幣交給他的家人。

　　如此一來，雙方都免了匯兌手續費，不過這只能適用於彼此信任的熟人圈，有時沒找到合適朋友，楊先生也不得不透過地下金融機構轉款。例如從大陸匯100萬元人民幣到臺灣，假設人民幣對新臺幣匯率是1比4.6，應該

等值 460 萬元新臺幣，地下金融機構可能按 1 比 4.4 付款，付給 440 萬元新臺幣，賺取 20 萬元新臺幣手續費。

地下匯兌不安全，沒有法律保障。可是在兩岸數十年經貿交流中，兩岸地下匯兌規模卻逐年擴大，成了許多臺商兩岸資金流的選擇。

值得楊先生高興的是，2012 年 10 月 31 日，兩岸貨幣管理機構簽署的《海峽兩岸貨幣清算合作備忘錄》正式生效，此後，臺灣銀行上海分行成為大陸新臺幣的清算行，中國銀行臺北分行成為臺灣人民幣的清算行，正式吹響了兩岸貨幣清算機制上路的號角。

▍兩岸貨幣間接、代理清算實踐

此前，兩岸銀行間也存在幾種貨幣清算途徑：一、透過香港金融機構清算；二、透過臺灣金融機構境外分支機構（OBU）清算；三、兩岸間一些商業銀行進行的清算。

我們知道，貨幣兌換發生在客戶與銀行之間，貨幣結算發生在銀行與銀行之間，銀行收的外幣多了，需要拋貨；外幣少了，需要補貨。而拋補之間需要清算行（或清算代理行）作為結算行為的中間人。

長期來，兩岸未能建立貨幣清算機制，兩岸貨幣無法直接清算，只好繞道香港，沿著「三通」之前客流、物流同樣的軌道，與香港「親密接觸」後再奔赴目的地。島內銀行人民幣多了或少了，或者大陸銀行的新臺幣多了或少了，都要到香港的匯豐銀行和美國銀行進行拋補。

2010 年 10 月，中國銀行香港子行（中銀香港）開始向島內的臺灣銀行和兆豐銀行提供人民幣現鈔，再由這兩家銀行向島內其他商業銀行提供拋補，兩岸匯款、貿易、投資款也可透過中銀香港進行清算。但是即便如此，兩岸貨幣仍要在中銀香港先匯換成美元或港幣，再換成對方貨幣，因此還是間接清算。

一些大陸臺商透過臺灣金融機構海外分行（OBU）進行兩岸通匯，OBU 是臺金融機構設在海外的據點，所以資金還是繞了第三地，並且也要先換成

中間貨幣再結算。事實上，絕大多數臺商沒有在臺金融機構 OBU 設立帳戶，仍要繞香港通匯，或者像楊先生一樣走地下金融管道。

第三種清算方法是透過商業銀行代理清算。2012 年 4 月，廈門銀行與臺北富邦銀行簽訂人民幣代理清算協議，臺北富邦銀行在廈門銀行開設人民幣帳戶，臺北富邦銀行可透過廈門銀行的清算，與大陸各地銀行進行人民幣結算；同樣，廈門銀行也可透過臺北富邦銀行的中介，與島內銀行進行人民幣結算。

廈門銀行臺商部總經理吳至祥表示，廈門銀行與臺北富邦銀行的這種點對點合作模式，構建了人民幣在兩岸的直航通道，為兩岸建立貨幣清算機制積累了經驗，但是沒有建立新臺幣在兩岸的直航通道。

而今，兩岸官方直接向對方提供現鈔，兩岸貨幣無需繞經第三地，或經第三方貨幣清算，從而構建起人民幣和新臺幣在兩岸間的全面直航通道，由此給兩岸企業、民眾帶來了實實在在的好處。

▎企業：通匯手續費減少，風險降低

兩岸「幣」暢其流，打通了兩岸經貿往來的最後一根「腸阻塞」，將有力推動兩岸經濟一體化進程，深刻影響兩岸產業格局，並且為企業省下通匯的大量時間、金錢成本。

2012 年，兩岸貿易額逼近 1700 億美元，2013 年更逼近 2000 億美元。這個貿易往來的資金流，此前絕大多數要繞道香港，由香港金融機構辦理清算。舉例說，臺灣企業把貨賣到大陸，大陸買家的人民幣貨款要先到香港換成美元或港幣，匯到臺灣後再換成新臺幣。到香港繞了一圈，中間多了一層手續費，多了一層匯兌風險。

其中癥結就在於兩岸沒有貨幣清算機制。由於新臺幣與人民幣都不是自由兌換貨幣，又沒有簽訂清算協議，兩岸貨幣無法進行直接交易，所以須透過第三種貨幣來清算。在美元持續走弱的大背景下，兩岸貨幣兌換成美元，企業匯率風險明顯加大。

厦門大學臺灣研究院經濟所唐永紅所長表示，兩岸貨幣直接清算上路後，兩岸貿易如果用人民幣計價，大陸企業就完全免除了匯率風險；如果用新臺幣計價，臺灣企業就完全免除了匯率風險。

其實，兩岸資金流除了巨大的貿易額之外，還有兩岸投資額、匯款額，以及現鈔兌換額，2012年兩岸金流高達6000多億美元，這龐大資金流因為兩岸直接通匯，估計能為企業節省近千億新臺幣手續費。

由於臺灣開放陸企入臺投資時間短，目前大陸臺資是臺灣陸資的數百倍。通常說來，貿易由投資所帶動，所以兩岸資金流所節省下來的高昂手續費，大陸臺商是最大獲利者。

中國社會科學院臺灣研究所王建民研究員稱，建立貨幣清算機制、兩岸貨幣直航是臺灣十分關注的問題，它幫臺商節省了大量匯兌成本，減少了匯率損失和手續費損失；隨著大陸企業投資臺灣的增加，直接通匯也能幫助陸企節省大量成本。

▎民眾：增加理財產品，利好赴臺遊

兩岸貨幣直航也關乎兩岸民眾的切身利益，比如匯款，今後不用再繞道香港，承擔不必要的兩次匯兌時間、風險和手續費。如今兩岸每年匯款總額達到十萬億新臺幣以上。

臺灣大學財務金融系教授沈中華以為，貨幣清算機制建立後，臺灣民眾最務實的好處是人民幣正式被臺灣視為「外幣」，人民幣存款、匯款及放款可逐步到位，民眾可設立人民幣帳戶來投資理財。

2013年2月，臺灣的外匯指定銀行（DBU）全面開辦人民幣業務，向臺灣民眾開放人民幣存貸業務，初期限額每人每天2萬元。至2013年底，臺灣的人民幣存款已達1800多億。臺灣民眾除了存款，還可以投資人民幣計價的基金、債券、保單、存託憑證，以及其他金融衍生品，2013上半年人民幣債券「寶島債」開賣。

人民幣商機，對臺灣普通民眾來說可以套匯套利。因為人民幣持續升值，把新臺幣換成人民幣，就能坐享貨幣升值商機；同時人民幣存款利率遠高於新臺幣、美元等，把人民幣存到銀行，領到的利息也相對豐厚。所以，臺灣民眾熱衷人民幣存款，或者是人民幣計價商品。

貨幣直接清算帶來的新臺幣理財產品，大陸民眾期望值則不高，畢竟與人民幣相比，新臺幣是一種弱勢貨幣，升值前景不看好，存款利率很低。不過大陸民眾赴臺交流時，會更加方便了。2013 年大陸民眾赴臺觀光、交流、經商總計超過 287 萬人次，大量大陸民眾湧入臺灣，帶來了龐大的兩岸貨幣兌換需求，貨幣直航讓大陸民眾兌換新臺幣更加省時省錢。

安全：打擊地下金融，規範匯兌市場

有效快捷的合法通匯管道，將有力打擊形成多年的兩岸地下匯兌市場，規範兩岸資金流通秩序，保障資金往來安全。之前受制於兩岸貨幣清算機制沒有建立，人民幣在島內又被高度看好，產生了人民幣偽鈔及其地下黑市問題。因為只要一個東西供不應求，就容易產生假貨，並成為「炒作」題材。

在廈門經營酒店的臺商高先生介紹，在大陸炒房和做小生意的臺商經常會選擇地下匯兌，地下匯兌相比正規匯兌，快捷、便利，靈活性高，雙方可根據市場供求來討價還價，不過風險很大，假如被「黑」吃了，也不能受到法律保護。唐永紅所長指出，地下匯兌類似於貨物走私，是資金的「走私」，屬非法行為。

唐永紅坦承，兩岸地下匯兌規模究竟有多大，很難統計，今後兩岸貨幣清算更便捷、更便宜了，非法的地下匯兌就會被大大擠壓。合法管道越粗壯，非法管道就越細小。

前些年，在廈門中山路一帶，經常會碰到貨幣「黃牛」兜售港幣，這也是地下匯兌行為，反映出當時港幣供不應求，後來人們能夠很容易從銀行換到港幣，這類「黃牛」自然慢慢消失了。

王建民稱,兩岸貨幣清算機制本質上是解決兩岸貨幣的供求關係,人民幣在臺供應少了,由中行臺北分行及時供貨;在臺供應多了,由它及時把多餘貨源回流到大陸,此舉當然會打擊偽鈔和黑市現象。

第十九章　貨幣直航時代三大猜想

展望未來，兩岸貨幣直航開啟了諸多可能：新臺幣兌換何時在大陸遍地開花？人民幣何時成為臺灣的外匯儲備貨幣？臺灣能成為下一個人民幣離岸市場嗎？

兩岸步入貨幣直航新時代，資金通道「化曲為直」，兩岸民眾、企業資金往來更省錢省時更安全了，也增加了新幣種的投資理財產品，這些都是眼下即可享受到的好處。展望未來，兩岸貨幣直航也將開啟諸多可能，諸多猜想可望成真。

▍猜想一：大陸新臺幣兌換遍地開花

兩岸貨幣清算的正常運行，會直接刺激兩岸貨幣兌換行為。清算因兌換而起，兌換因清算而加速。

兩岸貨幣兌換一路走來，十幾年一點一滴堅冰消融。1998 年，中國銀行在廈門、福州開辦新臺幣兌入業務，2004 年中行在福建沿海 5 市開辦新臺幣兌出兌入業務，2009 年中行的新臺幣兌換擴大到福建全省。2010 年交通銀行在上海開辦新臺幣兌換，同年興業銀行在福建也開辦了同樣業務。至 2012 年底，大陸的中國銀行、招商銀行等 13 家銀行已開辦兩岸貨幣兌換業務，每人每次限兌新臺幣 6 萬元。

臺灣方面，2004 年允許臺民眾一次最多攜帶 6000 元人民幣入島，2005 年開放金門馬祖試辦人民幣兌入兌出業務，廈門至金馬兩岸往來民眾每次最多可兌換 2 萬元人民幣。2008 年，臺灣開放全臺範圍的人民幣兌換，臺灣民眾每次最多可兌換 2 萬元人民幣，企業不在開放之列。

近年來，兩岸貨幣兌換點逐步擴大，面臨的清算瓶頸越發突出。廈門為了突破這一瓶頸，2012 年，多家商業銀行廈門分行與臺灣業者簽署了貨幣代理清算協議，加快了兩岸貨幣兌換進程，至 2012 年底，廈門已有 8 家銀行獲得了兩岸貨幣兌換資格，兌換量占到大陸地區的 1/4。

多年來大陸清算新臺幣很麻煩，大陸民眾對新臺幣的需求又不大，因而銀行辦理新臺幣兌換的積極性不高。

廈門大學臺灣研究院經濟所所長唐永紅預測，隨著大陸民眾赴臺遊更加熱絡，新臺幣在大陸的需求日漸看漲，以及清算問題又獲解決，大陸商業銀行申辦新臺幣兌換業務的積極性必將大大提高，大陸的新臺幣兌換點將會快速擴展、遍地開花！

2013年3月，國家外匯局出臺規定，大陸商業銀行可按照經營需要，自行決定辦理新臺幣兌換業務。

反觀臺灣，兌換人民幣的熱情十分高漲，不僅銀行、郵局搶著開辦兌換點，連各地農漁會的信用部也搶開兌換點，生怕錯失了人民幣商機。臺媒評論稱，臺灣銀行業開辦人民幣業務是「劃時代的大事」。

▌猜想二：人民幣納入臺灣外匯儲備體系

截至2013年底，臺灣外匯儲備共4168億美元，排全球第四，僅次於中國大陸、日本、俄羅斯，儲備資產包括黃金和外幣，其中外幣約半數為美元，其餘為歐元、日元、英鎊、瑞士法郎等。

早在2009年8月，時任臺灣行政院長的劉兆玄就表示，「臺灣可以考慮將人民幣納入外匯儲備體系」。臺灣大學經濟系教授林建甫解讀，劉兆玄表態在全球金融危機的背景之下，全球金融危機從2008年爆發以來，許多國家和地區都面臨美元流動性萎縮與美元外匯縮水的風險，對各地貨幣安全構成了威脅，所以要想辦法規避太過依賴美元的風險。

當時劉兆玄的設想只能是設想，無法排出時間表，臺灣要把人民幣納入外儲，必須等到兩岸建立貨幣清算機制之後，因為有清算才有計價標準，人民幣與新臺幣才有可比價，才能互相買賣，不必透過第三方貨幣。

臺灣淡江大學財務金融系教授聶建中稱，根據美國外債和政府赤字不斷攀高的現實，美元走弱是長期趨勢，而人民幣比較有將來，把人民幣作為臺灣的外儲貨幣，是臺灣投資理財的理性選擇。

林建甫認為，從投資角度看，將人民幣納入臺灣的外匯儲備體系，是非常好的想法。一方面人民幣有較大升值空間，獲利性強，臺灣政府和民眾持有人民幣的意願高；另一方面外匯儲備是民眾血汗錢，應盡可能在國際金融危機中有效避險，外匯儲備不能放在一個籃子裡，增加持有人民幣貨幣，可以分攤風險。

林建甫主張，基於金融安全保障的考量，在人民幣納入臺外匯儲備體系之前，兩岸可以先建立起貨幣互換機制，象徵兩岸在金融領域的安全結盟，能降低「國際駭客」和全球金融危機衝擊的風險。貨幣互換指兩個經濟體的貨幣按約定匯率進行交換，到期彼此再換回本金並支付利息。貨幣互換因為按雙方約定的固定匯率計價，所以沒有匯率風險，只有信用風險。

在2008年全球金融危機發生以來，美元貶值引發不少國家的美元流動性及外匯儲備風險，一些國家便開始嘗試貨幣互換，用對方貨幣買對方的商品，藉以規避美元交換及儲備的「暗礁」。

從2009年7月人民幣開始走向國際化以來，到2013年6月底，大陸已跟19家央行簽訂貨幣互換協議，互換金額2萬億元人民幣，相當於這些央行已把人民幣納入外匯儲備貨幣，另有30多家未與中國大陸簽貨幣互換協議的央行，也把人民幣作為外匯儲備貨幣。據IMF（國際貨幣基金組織）2013年上半年一項調查，受訪的30%央行有意願把人民幣作為外儲貨幣。

然而，人民幣要想真正成為國際性儲備貨幣，必須在國際貨幣市場上具備「可交易性」，增強流動性。至2013年底，人民幣在海外地區，主要在香港有人民幣資金池六七千億元，臺灣有1800多億元，在國際市場上人民幣不可自由兌換，使其他經濟體大量持有人民幣存在難度。

聶建中指出，人民幣國際化程度遠遠不夠，絕大多數國家和地區沒有普遍使用人民幣，今後人民幣要更多參與國際間交易，才能成為區域性乃至全球性的外匯儲備貨幣。

臺灣政治大學教授康榮寶表示，臺灣短期內實施人民幣外儲的可能性近乎為零，因為其前提是人民幣必須更加國際化、自由化，這種功能實現的時間難以預料，十年、二十年都很難說。

▌猜想三：臺灣成為下一個人民幣離岸市場

其實，對於人民幣國際化，臺灣各界最在乎的不是人民幣能否成為其外儲貨幣，而是臺灣能否成為繼香港之後的人民幣離岸市場。林建甫說，全球的人民幣需求大幅成長，需要更多的人民幣境外市場，僅有香港將不敷需求，而兩岸貿易金額龐大，臺灣有機會成為人民幣離岸中心。

2011 年 8 月，臺灣央行發布《臺灣辦理人民幣業務的說明》文稿，首度表達「發展人民幣境外中心，可列為努力目標」。就影響力和受歡迎程度而言，人民幣與美元、新臺幣成為島內「三大貨幣」。

2012 年 12 月 21 日，傳說中的「世界末日」，臺北卻在舉辦一場關乎臺金融業者新生的論壇——錢進人民幣大商機論壇。時任臺「金管會副主委」的李紀珠表示，發展具有兩岸特色的金融業務及理財平臺，是臺灣「黃金 10 年」的金融主軸，人民幣商機蓄勢待發，將翻開臺灣金融業嶄新一頁。

臺灣金融市場太小，業者太多，業者一直以來將眼光盯住廣闊大陸，可惜受制於臺灣的長期自縛手腳，他們沒跟上臺商腳步一同來到大陸，錯失了與其他外資金融業者同時開拓大陸的絕佳機會。現在人民幣國際化衍生的龐大離岸業務，正是臺金融業者從困境走向新生的最大希望。

據瞭解，臺金融業占 GDP 比重，1999 年達到最高，為 8.6%，2012 年降至 6.5%，而 2011 年香港和新加坡的金融業占比分別為 16.3% 和 12.4%。香港外匯市場的日成交量是臺灣的 10 倍，只要臺灣市場能成長至香港的一半，以換匯手續費 0.135% 計算，臺灣金融業就能獲得可觀收益。

以香港為例，人民幣存款約占總存款的 10%，2012 年底臺灣的新臺幣存款約 33 萬億元，若未來將 10% 轉為人民幣存款，就有高達 7000 多億元人民幣，超過 2012 年香港 6000 億人民幣資金池的規模。

李紀珠認為，人民幣國際化包括經貿結算、資產配置、國際儲備三種角色，美元是世界貿易的結算貨幣和各地對外投資貨幣，也是各經濟體的外匯儲備貨幣。臺灣由於貨幣國際化走得早，在人民幣國際化的三種角色中，在前兩種角色上可提供經驗，臺灣具備成為人民幣離岸中心的優勢。

臺灣富邦金控總經理龔天行認為臺灣具有兩個重要條件：一、近年臺灣一年對大陸的貿易順差高達七八百億美元（2013年其順差突破千億美元），自然形成人民幣外流臺灣渠道；二、臺企投資大陸的實際金額排在大陸外資第二位，自然形成了人民幣回流大陸的渠道。臺灣由此形成了巨大的人民幣集散池，所以很可能成為下一個人民幣離岸中心。

　　然而，中國社會科學院臺研所王建民研究員稱，臺灣劣勢是金融市場對大陸開放程度低，兩岸金融政策很不對等，臺灣需要積極的政策規劃，否則處處限制與管制，很難成為人民幣離岸中心。

　　臺灣欲成為人民幣離岸中心，還面臨倫敦、新加坡、東京、雪梨等地的競爭。臺灣的國際金融經驗不及倫敦與新加坡，應當利用緊密的兩岸貿易關係，量身打造具有兩岸特色的金融業務，發揮競爭優勢。

第三部分 THREE PART 財金脈動

第二十章　兩岸股市直達車大陸鳴笛起步

　　提起股市直達車，多數人會立馬想到港股直達車，在兩岸金流「化曲為直」的新形勢下，相對於臺灣民眾的陸股直達車，相對於大陸民眾的臺股直達車，都將從夢想走入現實。

　　2013 年 4 月 1 日，廈門銀行臺商業務部總經理吳至祥來到東莞證券廈門營業部，開立了 A 股帳戶，他接下來準備小筆資金入場。

　　他說，要先做足功課，蒐集相關個股資訊，一旦選準個股，就打算長期持有。他很看好內需概念股，特別是網購類的，表示如果什麼時候淘寶網在 A 股掛牌了，他一定會在最短時間內去購買。

　　吳至祥是首批在大陸搭上 A 股直達車的港澳臺居民之一。從 2013 年 4 月 1 日起，大陸境內的港澳臺居民憑身分證、來往大陸通行證、大陸臨時住宿登記證明，即可在 A 股開立帳戶，完全與大陸民眾一樣，用人民幣購買 A 股股票了。

　　這是一個起點，兩岸三地股市直達車自此起步，它給兩岸三地普通民眾更多的投資選擇，也給兩岸三地股票市場更廣的共榮空間。

　　如今，A 股對來到大陸境內的港澳臺居民敞開了大門，尚未向大陸境外的港澳臺居民開放。境外的港澳臺居民還只能以外幣投資大陸的 B 股，或者投資在臺港上市的大陸概念股票；另一方面，大陸民眾至今無法投資港股、臺股。所以，兩岸三地股市直達車仍然屬於單向、部分通車，離三方全線通車還有很長距離。

　　不過，並不能就此否定此次通車的歷史意義，在兩岸三地「通股」進程中，這次新政是繼兩岸簽署金融監管合作備忘錄、兩岸機構投資對方股市之後，又跨出的一大步。

▎A 股直達車的投資機會來臨

自從 2013 年 4 月 1 日新規推出以來一段時間，在廈門枋湖東路的東莞證券廈門營業部，首席投資顧問楊博光就異常忙碌，每日向他諮詢的臺商電話響個沒停。楊博光在 2011 年初來到大陸證券機構上班，苦練功夫兩年有餘，終於迎來了他大顯身手的時候。

楊博光說，以前他在臺灣證券機構幹過十幾年，很看好大陸豐富的上市資源和股市上漲空間，毅然來到大陸從零開始。特別是兩岸股市直達車在大陸上路之後，他熟悉兩岸股市的優勢會凸顯出來：臺灣股民信任他，會找他諮詢如何投資大陸股票；將來直達車在臺灣上路之後，大陸民眾也會向他諮詢如何投資臺股。他來大陸發展，可謂取勢占先機，謀勢必有成。

對於先坐上直達車的港澳臺股民，楊博光授以一套「主輔市場投資法」。舉例說，臺灣股市以電子股為主，這是臺灣股民的主要市場，投資 A 股這一輔助市場時，應該多購買大陸的內需股、大型國企股、礦業能源股等，這幾類是臺股所欠缺的、卻是 A 股所稱雄的。另外，大陸「十二五」重點扶持的幾大類戰略新興產業，也是楊博光的重點跟蹤對象。

廈門證券研究所副所長王永進介紹，他認識的很多臺灣朋友都看好 A 股前景。之前他們在香港買大陸概念股，現在 A 股跌落多年，許多大盤股扣除匯率因素後，股價比起香港的 H 股或紅籌股更低，A 股已成「投資窪地」，A 股直達車開通後，不少臺商將會從港股轉戰 A 股。王永進稱，A 股相比臺股，市值規模更大，產業更廣泛；相比港股，A 股內需股票前景廣闊，很適合長期持有。

不過，已開立 A 股帳戶的吳至祥對新機會很謹慎。他分析，近幾年 A 股一直在弱市盤整，不清楚什麼時候會從谷底翻揚；另外，自己剛剛接觸 A 股，對個股資訊很陌生，現階段他仍然把理財重點放在臺灣股市和大陸銀行的高利率理財產品上。

楊博光以為，很多臺灣股民不敢貿然入場 A 股，一個重要原因是他們覺得 A 股難以捉摸、沒什麼規律性，常常隨政策起舞，需要有內線消息。對此，楊博光認為，隨著港澳臺居民 A 股直達車上路，今後 QFII（境外投資機構）、

第二十章　兩岸股市直達車大陸鳴笛起步

QFII2（境外投資個人）入場資金不斷增多，外來投資者理性分析、長期投資的觀念，會逐漸改變 A 股的短線投機氛圍。

楊博光還強調，大陸政策正在變得越來越透明，並且在中美兩大經濟體博弈當中，美國對中國的經貿政策在持續發揮著影響，這將使大陸股市「政策市」色彩逐漸淡化，A 股長期形成的「內線消息、莊家拉抬」操作思路會逐漸改變，境外資金專業投資的時機正在來臨。

臺灣群益金鼎證券首席代表刁維仁也認為，在全球範圍來看，A 股估值處於較低水平，未來 A 股估值提升是大機率事件，隨著大陸經濟增長品質不斷提高，股市估值水準不斷提升是大勢所趨。

大陸民眾投資臺股何時成行？

相比部分港澳臺居民坐上 A 股直達車，大陸居民依然無緣港股和臺股。前些年就放出風聲的所謂港股直達車，至今大陸除了天津開展試點之外，其餘地方仍然只聞雷聲響，不見雨點來。另外，臺股直達車何時成行？也是不少股民關心的話題。

2013 年 3 月底，時任臺金管會主委的陳裕璋透露，金管會正與臺灣央行、陸委會研議，擬開放大陸自然人進場買股票，即開放大陸 QDII2（境內投資個人），大陸自然人投資額度是否要與專業機構 QDII 的 10 億美元額度區隔開來，還有待研商。

臺灣的電子、科技股，都是頗有競爭力的，特別是臺股以小市值股票為主，對大陸許多散戶更加富有吸引力。臺灣大學財金系教授沈中華表示，臺灣上市公司的任何訊息都要公開，必須拿到證交所網站向股民充分披露，如果有所隱瞞，一旦被證交所查獲便會被揪出「示眾」，讓股民「唾棄」你。因此，臺灣上市公司訊息披露程度比大陸要高得多，很適合無從瞭解內幕消息的小散戶。

沈中華說，從長期看，臺股也有很好的投資價值。兩岸關係走好是大勢所趨，臺灣作為大陸與海外連接的跳板角色會得到凸顯，受益於大陸的強大輻射力，臺灣在全球經濟分工中必將扮演更重要角色。

不過也有一些觀點認為，臺灣經濟外貿依存度高，體量小且呈淺碟形，容易受外部環境影響而大幅波動，作為經濟「晴雨表」的臺灣股市，經常呈現出大起大落走勢。廈門證券王永進表示，兩岸股市的交易規則（臺灣T+0，大陸T+1）不同，並且受制於兩岸資金無法自由流動，股民無法在兩岸間自由套利買賣，因而在較長時間內，臺股比較適合大陸QFII投資，個人投資則困難重重，需十分警惕。

據悉，2013年1月兩岸首次召開的證券期貨監理平臺會議，便達成共識將開放兩岸自然人投資雙方股市，也就是俗稱的股市直達車。目前，臺灣開放了大陸居民在臺金融機構的OBU（海外金融業務分行）開戶投資臺股，但不能用現金，必須轉帳，並且限外幣投資，至2013年上半年尚無大陸居民在臺金融機構OBU開立臺股帳戶。透過臺金融機構OBU投資臺股，因為這些OBU設在海外，OBU與其總行的會計帳戶是獨立的，以境外客戶為往來對象，與臺灣金融體系相分離，相當於大陸人要到海外開立臺股帳戶，實際上也是間接炒股，對大陸股民誘因不大。

東莞證券楊博光介紹，當前兩岸券商只在對岸設立了辦事機構，沒有設立經營機構，即使大陸股民哪一天可以直接投資臺股了，也要透過大陸券商下單，再由大陸券商復委託臺灣券商下單。將來大陸券商在臺設有經營機構時，大陸股民就可直接透過大陸券商下單，無需復委託。

▌T股能否點燃臺灣股民激情？

兩岸三地股市直達車全線通車，只是時間問題，隨著兩岸貨幣清算機制上路，兩岸資金流更加順暢，必將加快直達車前行速度。然而，大陸至今實行外匯管制，對資金入出境進行嚴格管控，所以境外的港澳臺居民要想自由買賣A股，境內的大陸居民要想自由買賣臺股、港股，目前看來不太樂觀。直達車將沿著建成一段、通行一段的分步驟方式前進，不可能一下全線貫通。

在分步通行的過程當中，兩岸多數居民雖然無法直接到對方那兒炒股，但是可以在自家門口炒對方企業的股票，因為對方企業可以上門來掛牌，送

到家門口讓你來炒。香港的紅籌股、H股實際都是陸資企業，這些企業就是上門給香港股民炒的。

為了吸引大陸資金赴臺，並受到香港股市的啟發，臺灣萌發了T股的創意。2012年底，時任臺行政院長的陳冲拋出T股議題，提出臺灣可比照H股，打造T股市場，T股指大陸註冊的企業到臺灣發行股票，包括在大陸註冊的臺商企業，讓臺灣民眾購買他們的股票，以此共享大陸經濟成長果實。

當前，臺灣規定大陸註冊企業不能到臺上市，在海外註冊的陸資企業可在臺第二上市（企業已在海外上市，又到臺灣上市的），這些具有紅籌股色彩的公司只能發行TDR（臺灣存託憑證）。臺灣證券交易所表示，在香港上市的大陸紅籌股，包括很多天然資源股，如中國海洋石油、中國（香港）石油等，臺灣股市缺乏這些產業，引進紅籌股在臺發行TDR，可讓臺灣股票市場產業鏈和市場板塊更完整。

2010年9月，江蘇揚子江船業開創陸企赴臺掛牌先河，以TDR方式募資37億新臺幣。緊隨其後的，有中國泰山、神州數碼、杜康控股等陸企赴臺第二上市，截至2012年底，已有近10家陸企在臺第二上市。

臺商返臺上市方面，臺灣於2008年7月開放臺商以海外控股公司名義，返臺第一、第二上市（陸資參股30%以上臺企視為陸企，不能第一上市）。2009年4月，旺旺控股首先返臺，緊接著巨騰、康師傅、85度C等跟隨返臺上市，截至2012年底，臺商返臺第一上市企業共26家、第一上櫃（類似於大陸的創業板）19家，其中多數是大陸臺商。

廈門大學臺灣研究院經濟所唐永紅所長稱，目前臺灣僅限陸企赴臺第二上市，主要是為了保證上市質量，將來臺金管會如果能更便捷、全面獲悉大陸企業資訊，就能開放陸企赴臺第一上市，從而做大T股市場。據透露，臺金管會可能先鬆綁陸資持股逾30%的臺企回臺第一上市，審查方式由「項目核准」改為「全面開放」，此舉既為陸企赴臺上市暖身，也為建置T股鋪路。

臺灣安侯建業會計師蔡松棋對臺媒稱，臺灣若想成為亞太籌資中心，開放T股是最快途徑，尤其在臺股渴望國際化的情形下，T股潛力無窮。

當然，大陸股民也能在家門口購買臺灣企業股票，至 2012 年底有二三十家臺企在大陸 A、B 股上市，其中 21 家在 A 股上市。唐永紅介紹，比起臺灣、香港，大陸上市的資金門檻和上市費用最高，手續最繁瑣，許多臺企望而生畏，願意到香港和臺灣上市，影響了在大陸上市的進度。

▍臺股可望成為華人的納斯達克

兩岸股市直達車起步，也讓兩岸三地股市如何共築大中華股市圈成為話題，三地股市只有發揮各自特色，優勢互補，才能使大中華股市圈雄視全球。

股市依託經濟面，經濟面呈現何種特色，股市呈現相應特色。大陸股市的優勢是資源和市場，上市公司資源異常豐富，市場非常廣闊，內需型和大型國企股票受追捧；臺股的優勢是產品種類豐富，股票換手率高，以電子業為代表的高科技股票受追捧；港股的優勢則是國際化程度高、透明度高，資金出入自由，金融、地產業股票受追捧。

未來兩岸三地股市分工，臺灣可主攻高科技板塊，打造成華人圈的納斯達克；大陸可重點發展成大型企業、消費企業的融資平臺；香港則繼續把金融、地產板塊做大做強。如此，大中華股市圈便有望打造成一條可媲美紐約華爾街的東方「華爾街」，臺股是東方「華爾街」上的「納斯達克」。

納斯達克交易所是全球最著名的高成長性高科技企業的融資平臺。臺灣高科技產業在全球扮演了重要角色，尤以電子代工業為主，是全球最著名的電子代工基地，擁有上、中、下游完整的產業鏈，是臺灣經濟增長的主要拉動力。

臺灣的資訊（大陸稱「訊息」）、通訊、光電等高科技產業聚落完整，科技類股票權重最大，具備科技股的群聚效應；同時，臺灣對科技業有著深入的理解，容易給優質科技業較高評價，科技業在臺融資成功的機率較高。這兩大因素將有力吸引大中華科技產業前往臺股。臺灣應當利用在全球高科技產業鏈上的突出地位，打造成為華人高科技企業最重要的融資平臺，成為華人圈的「納斯達克」。

第二十章　兩岸股市直達車大陸鳴笛起步

　　兩岸三地股市合作包括三組「兩兩合作」，即大陸和香港的合作、臺灣和香港的合作、大陸和臺灣的合作，在這三組合作中，大陸和臺灣的合作受到政治、法律、制度的阻礙，成為三地股市資源整合的「軟肋」，也是大中華股市圈成功的關鍵所在。

▍從間接炒 A 股到直接「登陸」

　　兩岸證券業的實質合作，發軔於 2009 年 11 月兩岸簽署金融監管合作備忘錄，兩個月後備忘錄生效，翻開了兩岸投資對方股市的嶄新頁面。2010 年，臺灣股市向大陸 QDII（境內投資機構）開閘，單一 QDII 匯臺限額 8000 萬美元，大陸 QDII 匯臺總限額 5 億美元，這些資金可以投資臺灣資本市場的基金、股票、債券等所有商品。同年，大陸股市向臺灣 QFII 開閘，每家 QFII 投資大陸額度，臺灣規定每家基金不能超過其淨資產的三成，但具體 QFII 額度需經大陸主管方核准。兩岸機構投資對方股市就此展開，截至 2012 年底，17 家臺灣金融機構獲得 QFII 資格。

　　2013 年初，大陸 QDII 匯臺總限額增加到 10 億美元，約合新臺幣 300 億元。以 2012 年臺股封關日的總市值 21 萬億元新臺幣來看，假使大陸 QDII 的 10 億美元全部購買臺股，約占臺股總市值的 1/700。外資約占臺股的三成，大陸 QDII 資金如果全買了臺股，約占臺股外資額的 3/700。實際上，到 2013 年第一季度末，共 16 家大陸 QDII 入臺，總投資額僅 2 億美元出頭。這意味著，臺股僅對大陸資金開了一條窄窄的門縫，象徵意義遠大於實質意義。

　　此前，臺灣資金投資大陸股市，走過了一條繞經香港的「曲線投資」之路。2010 年 3 月，臺灣允許臺灣民眾在島內下單，透過臺灣券商在香港的分支機構，購買香港上市的紅籌股（境外註冊的陸資企業到香港發行的股票），並允許他們在香港購買追蹤紅籌股、H 股（大陸註冊的企業到香港發行的股票）以及大陸 A 股行情的指數型基金（ETF）。

　　2010 年 12 月，與大陸股市聯動的「標智上證 50 指數 ETF」在臺灣股市掛牌，該基金是上海股市產業龍頭企業的集合，包含 50 檔規模大、流動性好的股票，涉及金融、能源、交通等領域。臺灣股民只要擁有臺股帳戶，

在家門口用新臺幣就能投資反映大陸 A 股表現的產品了，相比之前透過香港投資大陸概念的產品，更加直接便利。

然而，這些只能算曲線、間接炒 A 股，因為港澳臺居民不能直接炒 A 股，他們只能在港臺股市購買與大陸企業相關聯的紅籌股、H 股（其中臺灣居民暫不能買 H 股），或者購買與 A 股相聯動的指數型基金。當然，也有些港澳臺居民借用大陸親友的人頭帳戶買 A 股，遊走於沒有安全保障的灰色地帶中。

2013 年 4 月 1 日之後，曲線得以拉直，間接轉為直接，港澳臺居民可以來大陸以自己名義直接炒 A 股了，股市直達車由此鳴笛上路。接下來，直達車還將搭載所有港澳臺居民來炒 A 股，並搭載大陸居民去炒臺股、港股。屆時，兩岸民眾將在通郵、通航、通商、通匯之後，再度迎來「通股」。

第二十一章　臺灣「財政破落戶」如何形成？

臺灣政府的日子真是越來越難過了，舊債不斷堆高，收入逐年萎縮，這是經濟發展週期使然，還是民主進程必然要付出的代價？

2013 年元月，美國總統歐巴馬走馬上任第二任，面臨的頭號挑戰就是「財政懸崖」——美國一系列減稅政策的到期，以及削減財政開支的實施，增稅與減支將使美國經濟喪失 6000 多億美元的刺激動能，從而拖累經濟復甦進程。

老美形象地把這比喻為「財政懸崖」，因為財政困窘，只能增稅和減支；又因經濟成長乏力，需要減稅和增支。何去何從，一不小心，財政便會把經濟拖入懸崖深溝。為了給巨額債務減負，美國自 2013 年 1 月開始啟動自動減赤機制，未來 10 年計劃減少 1.2 萬億美元負債。

自從 2008 年以來，金融風暴、主權債務危機、財政懸崖相繼成為全球經濟的熱詞。希臘、西班牙、葡萄牙、義大利、日本、美國……這些國家有的在懸崖邊上，有的則早已掉下了懸崖，只能等待別人的搶救。臺灣的財政狀況如何？臺灣離懸崖還有多遠？

▎懸崖就在邊上，步步驚心

紅遍兩岸的電視劇《甄嬛傳》中，險惡的後宮爭鬥使觀眾們看得「步步驚心」；臺灣的財政欠債，也把當政者搞得「步步驚心」。

臺灣帳面上的財政欠債包括中央政府和縣市政府的債務。先看中央政府帳面債務，據臺灣財政部統計，截至 2012 年底，1 年以上債務為 49495 億元（新臺幣，下同），一年內短期債務 2750 億元，總計 52245 億元，平均每個臺灣人為此負債 22.4 萬元。

再看縣市政府債務，截至 2012 年底，高雄市負債 2241 億元，人均負債 8.07 萬元。若以人均負債排名，5 個直轄市依次為：高雄市 8.07 萬元，臺北

市 6.1 萬元，臺南市 3.7 萬元，臺中市 2 萬元，新北市 1.9 萬元。若以全臺 22 個縣市人均負債排名，前五名依次為高雄市、苗栗縣、臺北市、宜蘭縣、花蓮縣。

不過，帳面債務下面有更加巨大的隱性債務，這主要指各種社保基金，例如勞工保險、健康保險、退休金等累積欠款。這個缺口有多大？島內流傳多種版本，有的說幾萬億，有的說十幾萬億，有的認為是二十幾萬億。

2012 年 8 月，臺立委曾巨威公開資料稱，2011 年臺灣政府總負債（指中央政府帳面債務加隱性債務）高達 23 萬億元，占 GNP（民眾生產總值）的 166%，負債比重比起希臘還高。

以年度總預算而論，臺灣中央政府自 2009 年起每年入不敷出；如果加計財政特別預算，則從 1999 年起便入不敷出。臺灣財政步入到以債養債、債留子孫的循環中。2012 年起，臺灣中央政府每年新增債務兩三千億元。

在 2014 年臺灣總預算中，年度開支 19407 億元，而年度預算收入僅 17308 億元，缺口 2099 億元，加上該年度支付以前債務的還本帶息，收支缺口更是達到 2739 億元。以如此欠債進度，臺灣財政懸崖已近在咫尺，稍不留神便會墜落懸崖！

▍財政錢袋子越來越扁

臺灣龐大公債是如何形成的？原因無非是財政收支失衡，收的變少，支的變多。「收」主要源自稅收，而稅收源自經濟增長，經濟漲勢好，大家賺錢多了，財政課的稅就多。

20 世紀蔣經國主政臺灣時期，經濟飛速發展，年均增速超過 8%，穩居亞洲四小龍之首；李登輝主政時期，經濟年增速 6% 左右。因為經濟走勢好，稅收狀況不錯，反映在債務上，從 1949 年到 1999 年，國民黨執政臺灣 50 年，帳面債務餘額僅 1.3 萬億元，加上隱性債務合計 2 萬多億元。

2000—2008 年陳水扁主政，臺灣經濟年均增速約 4%（統計 2000—2007 年數據）。經濟增長減速，稅收增長放緩，反映在債務上，臺灣政府帳

面債務從 1999 年的 1.3 萬億增加到 2007 年的 3.7 萬億。就是說，扁執政八年，帳面債務增加了 2.4 萬億。

2008—2012 年馬英九首任四年，臺經濟年均增速降到不足 3%（統計 2008—2011 年數據），2012 年、2013 年增速更是下降到 2% 左右。這期間，臺灣內部遇上「八八水災」，外部遇上金融風暴和歐債危機，為了災後治理和提振經濟，更加大量舉債。中央政府負債從 3.7 萬億增長到了 2012 年的 5.2 萬億。馬英九執政五年，政府帳面債務增加了 1.5 萬億，年均增長 3000 億。

中國社科院臺灣研究所王建民研究員認為，臺灣債務嚴重，首要因素是經濟增速大幅放緩，財稅收入難以增加；其次在臺灣選舉文化環境下，政治人物為了拉選票，不願背上加稅「惡名」，而是不斷地推出減稅舉措。

馬英九任內，把遺產贈與稅從最高 50% 的多級稅率調降到統一稅率 10%，把營利事業所得稅（相當於大陸的企業所得稅）從 25% 調降至 17%，並降低了個人所得稅（臺灣叫綜合所得稅）負擔。如今臺灣民眾年收入在 50 萬元以內的，免交個人所得稅，近四成民眾免交個稅，約四成臺灣人只交 5% 的個人所得稅。

20 世紀末，臺灣租稅負擔（稅收占 GDP 比重）還有 20% 以上，而到了 2009 年，租稅負擔降到 12.2%，2010 年 11.9%，2011 年為 12.4%，已經低於租稅天堂香港（2011 年為 13%）、新加坡（2011 年為 14.2%），更是遠低於大陸（2012 年大陸稅收超過 10 萬億人民幣，占 GDP 比重超過 20%，這還不包括名目繁多的政府收費，以及龐大的賣地收入）。

福利不設「排富條款」

稅收易減難增，福利津貼卻易增難減。2011 年臺灣社會福利占政府年度總預算的 21%，成為臺灣政府所有支出項目的最大項，如果加上軍公教退休金，兩項共支出 5037 億元，占了總預算的 28%。

據臺灣中央政府總預算書資料，從 1982 年到 2011 年的 30 年間，臺灣社會福利和軍公教退休金占財政總支出比例整整翻了一倍，顯示臺灣正向高福利社會大步邁進。

先以老農津貼為例，1995 年臺灣開始發放每月 3000 元老農津貼，後來被兩大政黨在每次選舉時輪番加碼，先後調漲四次，每次均以千元為單位，2012 年加碼到 7000 元。當年全臺共有 146 萬人加入農民保險，他們每個月只需交 78 元，便能享有多項保險、補貼，並在 65 歲以後每月可領 7000 元老農津貼。截至 2011 年底臺灣農保累計帳面虧損 1368 億，另有隱性負債約 1500 億。

臺灣近千萬人加入勞工保險，他們每月按工資收入的 8.5% 繳納保費，費率過低，支付過高，根據「勞委會」出爐的精算報告，勞保基金將在 2027 年破產，造成 2012 年底勞保保費大擠兌。

島內軍公教退休人員有 44 萬多人，平均每人每年可領取 30 多萬元退休金，由於制度設計失誤，一些人退休後領到的錢比上班時還多。據臺灣退撫基金的精算報告，島內公務員退休金替代率（退休金與在職薪資的比重）居全球之冠，目前先進國家這一替代率通常在 50%—70% 之間，而臺灣在 2011 年還有 90%，太高的公職人員退休金，造成沉重的財政負擔。

再以健保費為例，臺灣在 1995 年實行全民健保（相當於大陸的醫保）制度，2012 年健保支出共計 5300 億元，而當年臺灣稅收只有 1.7 萬億元。臺灣洗腎聞名全球，2009 年洗腎人口有 6.5 萬人，支出健保費 335 億元，人均開銷 50 多萬元。之所以這麼多人熱衷洗腎，很重要的原因是洗腎費用全民買單。

在選舉文化環境中，政黨要加碼福利來討好選民，地方縣市長同樣要討好選民。一位縣長說：「我不做會被縣民罵，為何隔壁縣有，我們沒有，難道我們是二等公民嗎？」島內各縣市在重陽節一律給老人發放 1000 元敬老津貼，一個臺北市民覺得自己沒有需要，每年把 1000 元退給市政府，但是市政府還是每年發錢給他。

臺灣許多福利的發放，不設「排富條款」，反正用的是公家的錢，人人有份，就像許多縣市學生的營養午餐全部免費。問題是，這些龐大的福利支出，臺灣能承受得起嗎？又能承受多久？

經濟建設「捉襟見肘」

與福利之慷慨形成鮮明對照的是，臺灣經濟建設投入「捉襟見肘」，十分寒酸。2012年，臺灣政府年度預算花在經濟建設上的費用僅2000多億元，不到社會福利及軍公教退休金的一半，也不到健保支出的一半。從1982年到2012年30年間，臺灣經濟建設支出占財政總支出比重，從25%滑落到14%。經濟建設與社會福利的「此消彼長」，充分說明了臺灣社會重心從創造財富過渡到分配財富。

日益縮小的蛋糕，應付必要的經濟建設已經艱難，加上「為選舉買票」的諸多政策，使得財政更加窘困。陳水扁執政8年，為了兌現競選承諾，建了不少「蚊子館」——項目建成後發現沒啥用處，變成了關蚊子的地方。當時小小的一個屏東縣卻搞了兩個機場，使用率太低，都成了「蚊子機場」。

2011年10月下旬，彰化縣西南邊陲的大城鄉，萬人空巷迎接馬英九帶去的一張百億大支票。這是臺灣破天荒由總統直接授意、「中央」主導、行政院七大「部會」合力為一個小鄉端出的建設案。大城鄉實際常住人口12000人，而這宗建設大案規劃在5年內，由臺灣投資40億元，吸引民間投資60億元，相當於5年內要投資該鄉過去50年的預算支出。鄉民怕馬英九在2012年大選後食言，硬是要求把馬英九報告用的模型留下來作證，擺在鄉公所一樓正中央。這個百億元大禮物，現在看來，極可能又是畫給鄉民的一張「大餅」。

島內政治人物開出了太多空頭支票！馬英九首任之初提出「愛臺12建設」，規劃分8年總共投資3.99萬億元，其中政府投資2.79萬億元，民間投資1.2萬億元。可是時間已過半，這些建設項目卻進展緩慢，最大制約因素就是沒有錢。搞大型公共建設，財政不投錢，民間資本難有信心。

或步希臘後塵釀危機

島內不少學者指出，臺灣財政收入是右派，稅收越少越好；但財政支出是左派，福利越多越好。2011年，臺灣稅收占GDP比重為12.4%，支出卻占GDP的18.5%，而北歐高福利國家稅收占比往往在40%以上，臺灣福利卻老

向北歐看齊，這可能嗎？臺灣大學社會工作系教授古允文稱，臺灣社會福利要「擁有北歐的夢想」，至少得加稅兩倍半到三倍。

在經濟衰退、債務高企之際，如何走出負債困境，是難度極高的學問。近年希臘、西班牙、葡萄牙、義大利等一批歐盟國家，在這困境中越陷越深，無力自拔，釀成了持續發酵的歐盟主權債務危機。美國、日本等大型經濟體的財政負債也高達十多萬億美元，公債警鐘日夜長鳴！

臺灣公債如果包含隱性債務，也早超過經濟總量，不過臺灣公債性質與歐盟主權債務危機不同，歐債危機主要指拖欠外債，而臺灣公債全部為對內負債。2011年9月，臺灣還清了最後一筆向沙特阿拉伯借的23萬多美元外債，正式邁入「零外債」時代，現有債務均為內債。

如今臺灣告別了20世紀的高速增長期，「政府」賺錢能力削弱，花錢速度卻在加速，於是債務越堆越高。王建民研究員指出，債務成了臺灣的長期性問題，以債養債、債留子孫問題突出，反過來制約了經濟發展，經濟減速又使得債務嚴重。

據臺灣「主計總處」報告，2012年至2021年臺灣政府到期債務共3.3萬億，其中2012年至2016年應償付到期債務2.2萬億，2016年是還債高峰期。以當前臺灣每年新增債務兩三千億的趨勢下去，2016年之前卻要還舊債2萬多億，談何容易！屆時別說還清舊債，新增債務極可能使帳面總負債突破40%紅線，「懸崖」已在眼前。

臺灣著名時事評論員邱毅指出，臺灣欲解決「財政破落戶」現象，不外乎兩條途徑：一是大量開放陸資，彌補臺灣財源不足；二是大幅刪減「國防」「外交」預算，費用轉移到社會福利、公共建設上。

對於未來，王建民非常擔心兩點：一是臺灣發生重大自然災害，短期內使債務暴增；二是世界主要評級機構下調臺灣「政府」信用評級，造成資金迅速外逃，使臺灣借債愈加困難，以至於步希臘等國的後塵，釀成債務危機。

第二十二章　臺灣地方財政「造血」功能萎縮

　　臺灣除了6個直轄市之外，其他縣市財政「造血」功能疲弱，其中最窮的臺東縣，一年稅收只有1億多元人民幣。曾經「錢淹腳目」的臺灣，為何走到今天如此困窘之局面？

　　2013年7月，美國「汽車之城」底特律申請破產保護，這個曾經風光無限的「汽車城」，誰也沒想到會有破產的一天。大陸雖然沒有城市破產一說，但地方政府債務屢屢成為人們關注的焦點，2013年下半年開始大規模清查地方債務。

　　臺灣的地方政府債務也是愈演愈烈，負債絕對數高雄穩居第一，負債比（一年以上債務占當地年度財政支出的比例）的排名，宜蘭、苗栗、新竹縣則排在前三。令人憂心的是，這個問題至今依然無解，並且越發嚴重。

▍快速流失的稅基

　　在臺灣《新新聞》與臺灣指標民調公司聯合推出的2013年全臺最有價值縣市調查中，苗栗縣奪下第四名，縣長劉政鴻2012年與桃園縣長吳志揚一同獲得臺灣頒發的「招商王」榮譽，苗栗招商成績亮眼，一批園區相繼簽約開工。然而，苗栗財政並沒因此好轉，而是欠下一屁股債。

　　截至2013年4月，苗栗縣一年以上債務達到235億元（新臺幣，下同），占財政年度支出比率超過了64%，負債比在島內僅次於宜蘭縣的68%，遠超出臺灣規定的45%上限。每個縣民為此背負7萬多元債務。

　　為何招商喜人、債務憂人？這一方面是許多招商項目還在簽約、開建當中，尚未進入收穫期，招商環節也要砸錢搞宣傳辦活動；另一方面，像苗栗這種縣市，稅基正在快速流失之中。

臺北大學教授鄭又平稱，臺灣很多企業把工廠設在二線城市，而把公司總部設在臺北等都會區，企業雖然賺到了錢，但是稅交到了都會區，所以設廠所在縣市承擔了環保代價，卻收不到稅。

這些年，臺灣經濟低迷，稅基隨之收窄；同時，越來越多企業外移大陸及海外，造成產業空洞化，稅基也由此向外流出。鄭又平稱，相當多臺商在海外的維京群島、開曼群島等免稅天堂設立控股公司，透過資金的全球調度，把島內企業處理成不盈利，所以不必繳稅；盈利部分在海外免稅天堂，也不用繳稅。

兩岸目前沒有簽署租稅合作協議，臺灣無法互相查驗大陸臺商收入資料，臺商在大陸即使賺了很多錢，由於臺灣方面掌握不到資料，也課不到稅。「地方政府債臺高築，很難歸咎於地方招商不力。」鄭又平強調。

公權力被利益團體綁架

鄭又平悲觀地認為，在臺灣選舉政治生態中，政治人物離不開商業運作，政治獻金要靠企業等利益團體捐輸。作為回報，這些利益團體需要政治人物來捍衛他們的權益，於是權和錢水乳交融，產生了租稅不公。

這個問題在美國尤為嚴重，一位諾貝爾獎獲得者著書《不公平的代價》，直指最有錢的一小撮人，只繳微不足道的稅，令人十分無奈。臺灣個稅的七成來自工薪階層，富豪們善於鑽稅收漏洞，不繳稅或繳極少的稅。

據臺灣「經濟部」資料，在臺灣最有錢的前40名巨富中，有8人沒交一毛錢的稅，有17人平均只繳1%的稅。演藝人員收入就很難被稅務部門監管，主要還得靠他們主動申報，這就造成了靠工資的中低收入者老實交稅，而不拿工資的富人交稅甚少。

據2009年度臺灣稅務統計，臺灣有5700戶年收入超過千萬元的家庭，其中63%的收入來自股票、房地產等資本性收益，薪資等勞動性收入僅占23%。但在現行稅制中，重視徵收「勞動所得」、忽略徵收「資本利得」，股利、股票交易等收入被列為免稅項目。

在當前臺灣稅源結構中,最大稅種是個人所得稅,第二是企業所得稅,第三是營業稅,個稅是稅收的最大貢獻者。2010年臺灣個稅總額3046億元,占臺灣當年稅收總收入的19.5%。

鄭又平說,政治人物一心為了選舉,不敢開罪利益團體,有錢人和有權人互相勾結,例如在修訂「公債法」當中,有人提議增加海外賺錢部分也要在臺灣課稅的條款,卻被利益團體擋了下來。再如,前幾年兩岸本來要簽租稅合作協議了,大陸方面已經準備好,可是臺灣方面遭遇了臺商強烈反對,一直拖延至今。

不公平稅收,肥了商人,瘦了政府。鄭又平憂心地說,特別是臺灣的農業縣市,最窮的臺東縣一年稅收僅5億多元(約合人民幣1億多元),這些縣市人口外移、產業外移、人口老化嚴重,債務必將更加突出。

修「公債法」提高上限

眼見日益增大的債務壓力,臺立法院2013年6月底三讀通過了「公共債務法修正案」。修正後的「公債法」把各級政府總債務上限,由前3年度GNP(民眾生產總值)平均數的48%,調整為前3年度GDP(地區生產總值)平均數的50%。

各級政府總債限分別為:「中央」40.6%,直轄市7.65%,其他縣(市)1.63%,鄉(鎮、市)0.12%。透過這次修法,6個直轄市舉債空間增加4275億元,舉債上限為9316億元,其他16個縣市政府舉債空間增加476億元,舉債上限為2035億元。地方財政人均負債上限,直轄市58187元,其他縣市27763元。

與此同時,縣市政府一年以上債務占年度財政支出的比例,由45%提升到50%。依照新標準,宜蘭、苗栗縣遠遠超出了這個比例,新竹縣在紅線處徘徊。

鄭又平表示,債務快到頂時,就修法調高上限,表面上解決了「踩紅線」問題,實際上並沒解決債務問題,只是人為的「技術操作」。

時任臺「財政部長」的張盛和也坦承，修「公債法」主要為了配合直轄市升格改制，若以 GDP 年成長 3% 估算，短時間內「中央」及地方政府不會面臨破產危機。問題是，臺灣 GDP「保 3」談何容易！修法此時，「中央」離舉債上限不到 4000 億元，兩三年很可能就破頂。

第二十三章　歷經波折，臺灣證所稅能走多遠？

綜觀歷史，臺灣證券交易所得稅是臺灣股市中最具殺傷力的武器，它主要想要讓股市大戶「出點血」，結果每次「大出血」的是普通散戶。臺灣政府為何明知路難行，偏向難路行？

2013年1月1日起，臺灣第5次開徵證所稅（證券交易所得稅），正如時任臺「財政部長」張盛和此前所言，「飛機已在跑道滑行，即將起飛」，經過了2012年將近一年的「滑行」，證所稅終於在2013年第一天「起飛」了。

在臺灣稅收史上，證所稅是非常特殊的稅種，走走停停，反反覆覆，每次復出，總能把臺灣股市攪得跌宕起伏，讓股民驚魂不定。

證所稅這次復出，是在馬英九第二任「公平正義」大旗的背景下，馬英九要拿這把證所稅大刀，砍向股市的巨富們，邁向他的賦稅公平之路。巨富們會甘心挨刀受砍嗎？這次證所稅能走多遠？

兩年內 8500 點是「天花板」？

2012年7月25日，臺立法院三讀通過證所稅版本，根據該版本，2013、2014兩年，證所稅採取雙軌制，個人股民可在「設算所得」與「核實課徵」中擇其一繳稅。「核實課徵」指的是賣股票淨賺的錢乘以15%，併入個人總收入計算，繳納綜合所得稅（相當於大陸的個人所得稅），稅率從5%～40%。

「設算所得」指的是臺股指數在8500點以下時，交稅為0；8500點到9500點之間，按股票賣出金額扣繳0.2‰；9500點到10500點之間，按股票賣出金額扣繳0.4‰；指數在10500點以上，按股票賣出金額扣繳0.6‰。

可以看出，「核實課徵」扣稅標的是股民賺的錢，「設算所得」扣稅標的是股民交易的錢，而根據股民交易的錢來扣稅，其實是證交稅（證券交易

稅），所以島內一些媒體稱「設算所得」是「加值型證交稅」，即在現有證交稅（稅率 3‰）基礎上又增稅 0.2‰～ 0.6‰。

假如某股民一年內賣了 2 億元（新臺幣，下同）股票，扣除成本及費用後賺了 1000 萬，採取「核實課徵」交稅，需課稅費用為 1000×15% ＝ 150 萬，稅率為 5% ～ 40%，相應需交稅 7.5 萬～ 60 萬不等，加上 2 億元的 3‰ 證交稅即 60 萬，共計 67.5 萬～ 120 萬元；而採取「設算所得」，即使指數在 8500 點以上，需課以 2 億元的 0.2‰～ 0.6‰的證所稅，相應要交稅 4 萬～ 12 萬，加上 60 萬證交稅，合計 64 萬～ 72 萬。

兩相比較，「設算所得」明顯合算，況且選擇「設算所得」，指數在 8500 點以內，賣再多股票也無需交證所稅。而臺股兩年內在 8500 點以內機率有多高？據臺灣證交所統計，此前 10 年超過 8500 點的交易日，只占總交易日的 12%，所以未來兩年免扣稅的機率為 88%。

更何況，在兩年雙軌制的緩衝期，「設算所得」定的底線為 8500 點，一旦指數上了 8000 點，接近徵稅底線時，大家就準備落跑了。因此，底線很大程度上變成了「天花板」，要衝上 8500 點的機率要遠低於平時的 12%。因而許多人認為，「設算所得」形同對個人股民「緩徵」證所稅兩年。

▌證所稅究竟動了誰的奶酪？

兩年過渡期當中及以後，法人股民均要按「核實課徵」標準，稅率 12% ～ 15%，免稅額 50 萬元；如果持有三年，稅率減半。

兩年過渡期之後，即從 2015 年起，個人股民的雙軌制也改為單軌制，全面「核實課徵」，屆時每年出售 10 億元以上股票的大戶，才需課稅。張盛和稱，據估算，每年出售 10 億以上股票的股民有 1 萬多人。

當前，臺灣股市有 900 多萬股民，而每年有交易的股民 300 多萬個，照官方所稱的兩年後只有 1 萬多股民受證所稅影響，數量微乎其微，絕大多數民眾不在課稅之列，但是為何每次徵收證所稅，總會把股市攪得「雞犬不寧」？

2012年3月28日，時任臺「財政部長」劉憶如正式表態要復徵證所稅，5月28日她掛冠離去，整整兩個月臺股蒸發將近1000點。5月29日，聞聽劉憶如請辭，臺股上演慶祝行情，大漲了200多點。

　　劉憶如母親、前「財政部長」郭婉容在二十幾年前也因證所稅而辭官。郭婉容因徵收證所稅而釀成1988年的「924風暴」，臺股連續19天無量暴跌，最低的一天交易量只有3億元，股票成了「不動產」，最後代價是郭婉容上台，證所稅喊停二十幾年。

　　證所稅究竟動了誰的奶酪？臺灣政治大學經濟系特聘教授林祖嘉撰文稱，股市大戶對於課徵證所稅不滿，大量拋售股票，股價大跌之後，原本不受影響的散戶反而遭受更大損失，這正是課徵證所稅的最大難題——散戶永遠被大戶綁架著。

　　就像樹上有10隻鳥，「證所稅」槍聲一響，除了一隻中彈，其餘的全飛了；或者根本沒打中一隻，也全飛了。2012年的春天，臺灣油電價格雙漲，物價快速上躥，消費信心急挫，臺股因證所稅而大肆唱空，股民荷包失血，民眾怨氣膨脹，劉憶如就成了眾矢之的。

　　因此形成了頗具諷刺意味的狀況：扛著「公平正義」大旗的證所稅，卻遭到了最需要公平正義的平民百姓強烈反彈！

▌臺股將會迎來「黃土十年」？

　　證所稅在商界更是「一石激起千層浪」！臺灣工業總會理事長許勝雄批評，徵證所稅既擾民，又妨礙經濟發展，不但讓外資不願來臺掛牌，連臺商都會跑去香港上市。臺灣商業總會理事長張平沼指出，臺灣經濟出現警訊時首要穩定經濟，就像一個人已生重病，不要急著開刀，證所稅必須暫緩。

　　中國國民黨榮譽主席連戰之子連勝文也表示，證所稅對資本市場將產生嚴重衝擊，而資本市場是經濟發展的「心臟」，若心臟出問題，怎麼能期待未來經濟發展穩健？臺灣最大民企鴻海科技集團董事長郭台銘重炮指出，為了一年區區百億元的證所稅而勞師動眾，完全得不償失。壽險業者也發聲，

壽險資金是臺股的一支重要力量，證所稅造成壽險業經營成本上升，勢必要提高保費，增加民眾負擔。

由於證所稅帶來的衝擊，據臺灣證交所統計，2012 年臺股日均成交只有 832 億元，而在 2008 年金融海嘯期間，臺股日均成交額也在千億以上。以往證交稅平均每年收入上千億元，2012 年由於股票成交銳減，證交稅僅收到 700 多億，比預期值少收約 500 億。2013 年前 8 月，臺灣證交稅僅收到 462 億元，創 8 年來同期最低。對比今後證所稅預估年收入百億元，證交稅損失顯然大得多。

馬英九為什麼要「頭戴鋼盔」頂著強大民意壓力，仍然「雖千萬人吾往矣」？劉憶如說，2011 年郭台銘賣鴻海股票賺了 10 億，卻僅繳 300 多萬元證交稅，合理嗎？林祖嘉表示，一般臺灣人拿薪資，動輒被扣百分之二三十的稅，為什麼賣股票賺了錢就不必繳所得稅呢？

一頭是公平正義，一頭是股市動能，假如股市因證所稅而喪失動能，不僅使股市稅收減少，更使股民荷包持續失血，到頭來公平正義妨害了經濟發展，這樣的改革還能否算是成功？許勝雄直指，證所稅已落入「公平正義」的陷阱。

更有股民擔心，臺股迎來的將不是「黃金十年」，而是「黃土十年」！島內知名財經人士謝金河預測，在證所稅衝擊之下，股市成交量將萎縮，券商可能大幅裁員，1988 年很多券商營業員被迫去開計程車，這次情形恐怕會更慘！

第二十四章 「逗你玩」的臺灣證所稅

臺灣證所稅與臺灣股民玩著一個長達半個多世紀的雙人相聲——股民問：「誰拿走了我的錢？」證所稅說：「逗你玩呢。」股民說：「再不老實，我揍你！」證所稅回答：「真的是逗你玩啊！」……

相聲大師馬三立有一段著名的《逗你玩》相聲，寶寶問小偷叫啥名字，小偷回答說「我姓逗，叫逗你玩」。媽媽問寶寶，家中東西被誰偷了，寶寶說：「逗你玩呢！」媽媽急了！

臺灣的證所稅，全名是證券交易所得稅，卻老是和股民們開玩笑，跟相聲中的「逗你玩」還真有點神似。

2013年6月25日，臺灣立法院三讀通過財政部提交的證所稅修改版本，即日起證所稅取消收盤指數8500點課徵門檻，並對散戶予以免徵。

證所稅指股民在買賣股票中獲利部分需交的稅，該稅在臺灣曾有四次徵收歷史，每次均迅速夭折，從2013年1月1日起第五次徵收，沒料到才過半年，又做修改。

股指逼近「天花板」，倒逼修法

按證所稅修改前版本，2013、2014兩年，是臺灣證所稅實施的過渡期，採取雙軌制，散戶可在「設算所得」與「核實課徵」中擇其一繳稅。「核實課徵」指賣股票淨賺的錢乘以15%，併入個人總收入來繳交個人所得稅；「設算所得」指臺股指數在8500點以下時，交稅為零；8500點以上時，按股票賣出金額扣繳0.2‰至0.6‰不等的稅。

2015年後全面取消設算所得制，回歸核實課徵制，課徵對象為全年出售證券金額超過10億元以上的個人。法人部分採最低稅負制，稅率12%到15%，免稅金額為50萬元，長期持有3年以上享減半優惠稅率。

據臺證交所統計，2013年臺灣九成以上股民選擇了「設算所得」交稅，其一是這種方法比「核實課徵」交的稅少，其二是以過去10年的經驗，超過8500點的交易日只占總交易日的12%，意味著過渡期免扣稅機率為88%。兩年過渡期後，雙軌改單軌，全部按「核實課徵」收稅。

哪料到，2013年臺股很快衝破8000點，一步步向8500點「天花板」靠近。為了使臺股不被8500點蓋住而成為「大悶鍋」，當年4月底開始島內不少聲音要求把「鍋蓋」掀掉。5月15日國民黨「立法院黨團」討論修改版，馬英九表示要「提前檢討」證所稅，在一系列利好消息催化下，臺股越發逼近「天花板」，大有隨時衝破之勢。

2013年4月24日臺股衝破8000點，之後不是每天上升幾十點，就是跌落幾十點，5月24日收盤8209點，一個月中一直在8000點至8300多點之間徘徊。這種走勢，一方面反映出股民對拿掉「天花板」的期待，一方面反映出「修法」前的步步驚心，生怕自己撞上了「天花板」。臺媒一針見血指出：「一旦指數在8500點上下盤旋，臺股必然像個大悶鍋，怨氣沖天，卻無處發洩。」

《聯合報》稱8500點的設計，是個易滋錯亂的制度，臺股並非跨越8500點後就一路扶搖直上，而可能跌跌撞撞，今天升、明天跌。如此一來，就會形成今日課稅、明日不課的不規則變動，徒增課徵的困擾和爭議，大量增加執行單位的工作負荷。

根據新版證所稅，大戶售出股票金額若超過10億元（新臺幣，下同），將以設算所得為主、核實課徵為輔。選設算所得為差額課稅，超過10億元部分，依千分之五計算，按照20%稅率課徵證所稅；選核實課徵可盈虧互抵，稅率15%。新稅法拿掉了8500點「鍋蓋」，並對散戶免徵，實施時效回溯到2013年1月1日。

▍走走停停半世紀，路途艱難

用「命運多舛」來形容臺灣證所稅，絕不為過。該稅1955年起首次徵收，不到五年被廢除；1962年第二次徵收，因法人用「人頭戶」避稅問題而夭折；

第二十四章　「逗你玩」的臺灣證所稅

1973年第三次徵收，因全球第一次石油危機造成臺股暴跌而停徵；1988年第四次徵收，導致股票變成「不動產」，最低一天成交量僅3億元，以時任「財政部長」郭婉容上台為代價，次年證所稅再度停擺。

證所稅與證交稅不同，後者是交易額的課稅，包括所有股民，前者是股市中賺錢部分的課稅，而能在股市中賺錢的人，往往是大戶與機構，所以歷次證所稅徵收，都遭遇富人們最強烈的反彈。這些富人在股市中具有強大號召力，他們的入場或出倉，直接吸引來如螞蟻雄兵的廣大散戶們跟風，所以散戶也害怕富人因證所稅而逃離股市，自己成了擊鼓傳花的最後接棒者。

2012年在證所稅修法過程中，臺灣財政部一直強調在兩年過渡期後，每年出售10億元以上股票的大戶才需課稅，實際影響人群只有1萬多戶，占當前900多萬戶臺灣股民的1/900，根本是無傷大體。不過，按照「二八原則」或「一九原則」，「八」或者「九」的財富往往掌握在「二」或者「一」的人手裡，股市財富、話語權同樣遵循這個原則。

所以，表面看證所稅隻影響極少數人，可是這極少數人在股市中最具影響力、被絕大多數人唯馬首是瞻，或許這正是臺灣證所稅風雨半世紀、路途多艱難的根本原因。

合併證所稅證交稅，累計課徵

為何行路如此艱難，臺灣卻屢敗屢戰、決意要推行這項稅收？問題應該出在「公平正義」思維模式上。執政者認為，如今年收入50萬以上的上班族，就要交5%至40%的個人所得稅，而一個賺了幾千萬幾億的富人，只需交低得多的僅3‰的證交稅，豈不是太不公平了！

在執政者的設計中，復徵證所稅另一功能是增加稅收，預計每年可達100億元左右。然而，2012年臺股因證所稅風波，股市動能急劇萎縮，日成交量才800多億，而在2008年、2009年全球金融危機期間，日成交量仍有上千億。因為成交萎縮，2012年臺灣證交稅比往年少收了四五百億元。2013年，因為大多數股民按「設算所得」交證所稅，所以證所稅實施以來幾

乎沒有課到稅,而證交稅卻延續上年趨勢大幅縮水,前 8 個月只收到 462 億元。證所稅增加財政收入的如意算盤很難撥響。

難道,搞得股市雞犬不寧的證所稅,純粹就是為了滿足執政者的「公平正義」臆想?每次耗費掉大量「立法」資源出爐的證所稅修改版,都草草收場,豈不令人覺得法令如同兒戲?豈不令人覺得證所稅上演了一出幾十年不停修改劇本的鬧劇嗎?

既然實踐已經證明,證所稅在臺灣實施的成本太大,收益太小,那麼為何不讓該稅走入歷史呢?而不是讓鬧劇一再重演。為何不嘗試證所稅合併證交稅,採取累進課徵辦法?累進課證可以參照個人所得稅辦法,實施分級多稅率,這樣既沒有 8500 點「天花板」擋著,也沒有專門找那最有錢的 1 萬多人「開刀」之嫌疑,可有效疏導證所稅反彈力道。況且,分級多稅率的課稅辦法,也體現了「多得多課稅」的公平正義稅收精神。

第二十四章　「逗你玩」的臺灣證所稅

第四部分　FOUR PART　產業輪動

◎臺服務業登陸，迎來「黃金十年」

◎中韓 FTA：臺製造業的原子彈

◎臺灣代工產業「美麗而哀愁」

◎三大「不友善」，臺灣產業轉型深陷泥淖

◎臺灣文創產業「活化」之術

第二十五章　臺服務業登陸，迎來「黃金十年」？

臺灣如果一味以保守心態阻撓服貿協議實施，錯過的是臺灣服務業掘金大陸市場的最好機遇，臺灣應該以積極心態擁抱大陸，以開放臺灣服務市場為交換，牢牢抓住大陸服務業的「黃金十年」。

2013 年已過，臺立法院由於綠營阻撓，未能通過生效《兩岸服務貿易協議》。就像 3 年前兩岸簽的經濟合作框架協議（ECFA），2013 年 6 月 21 日簽訂的服貿協議同樣在島內引起軒然大波。反對者說，到時候街頭遍地「小黃」（臺灣計程車）會變「小紅」（大陸計程車）；大陸美容美髮業者不僅洗頭，而且會「洗腦、洗心」；服貿協議將衝擊臺灣 400 萬人就業……

綠營立委強烈要求服貿協議「逐條審查，逐條表決」，藍營只同意「逐條審查，通案表決」，雙方為此僵持不下。如果，藍綠為此久耗不決，那麼，臺灣服務業將錯失登陸的最佳時機。因為接下來十年，很可能是大陸服務業快速發展的「黃金十年」，也是臺灣服務業登陸的「黃金十年」。

▌服貿協議，大陸給出「超 WTO 待遇」

兩岸服貿協議是 ECFA 四大後續協議之一，之前有 2012 年 8 月兩岸簽的投資促進與保護協議，之後有貨物貿易協議、爭端解決協議。其中，四大協議的核心協議是服貿協議和貨貿協議，服貿協議是服務業的貿易協議，主要探討雙方市場開放的時間與程度；貨貿協議是貨物進出口協議，主要探討雙方產品零關稅貿易的時間與步驟。

歷經兩年 15 次的協商，2013 年 6 月 21 日，兩岸兩會在上海終於簽署了服務貿易協議，大陸向臺灣開放 80 個項目，全部高於 WTO 成員的正常化待遇，就是說高出一般外商享有的待遇；而臺灣向大陸開放 64 個項目，只有 38 個項目達到了 WTO 正常化水平，另外 26 個低於一般外商待遇。

兩相比較，臺灣顯然占了便宜。一般外資不能進入的大陸市場，臺資現在可以進入了，比如臺灣的銀行可申請在大陸發起設立村鎮銀行，可在福建申請設立地市一級的異地支行，臺保險業者可以經營大陸的交通強制險等。同時，大陸開放項目對於臺資開放的程度，也有「特別照顧」，例如臺業者在福建經營電子商務的持股比例可達 55%，臺證券業在合資公司中持股最高可達 51%，臺醫療機構可在大陸多省建獨資醫院等，均超越大陸對其他外資的承諾。

而臺灣向大陸服務業開放的 64 個項目中，只有 60% 等同外資待遇，還有 40% 低於外資待遇，大陸服務業者在臺依然較嚴重地「低人一等」。

照理說，臺灣方面應該拍手稱快、趕緊實施才對，不料臺灣海基會帶著服貿協議返臺後，卻遭遇了綠營勢力與大批業者的強烈反彈，一個幫助臺灣業界找尋出路、幫助臺灣經濟擺脫困境的協議，似乎成了要算計臺灣人民的「陰謀」、「黑箱作業」。

▍雙重標準，綠營一貫的「反中」思維

唱衰服貿協議最厲害的，當然要數綠營人物。他們說臺灣與大陸簽服貿協議，事先與他們根本沒有溝通，簡直是在跟大陸一起玩「陰謀」。綠營要角蘇貞昌、蔡英文、陳菊、賴清德等人，一個個跳出來聲討服貿協議。蘇貞昌更是大放厥詞說，大陸美容美髮業者將給臺灣人「洗頭、洗腦、洗心」，實在令人產生不知「今夕何夕」的時空錯亂感。

對於綠營表現，中國社科院臺研所王建民研究員一針見血地指出，綠營對於開放的態度向來有「雙重標準」，對大陸搞一套，對其他經濟體另一套。2013 年 7 月，臺灣與紐西蘭簽訂了經濟合作協議，臺官方在簽該協議之前，也沒有把協議內容拿到立法院溝通，協議還開放了紐西蘭 1000 多項農產品銷往臺灣，綠營對此隻字不提，卻拿臺灣分明「討到便宜」的兩岸服貿協議大加說事，可見「溝通不夠」只是藉口，要讓兩岸「不能溝通」才是目的，雙重標準則是手段。

稍有談判常識的人都知道，談判是「鬥智鬥勇、討價還價」的過程，哪一方都不願在簽約前公開談判內容，這樣無疑掀了己方底牌，不利於己方利益。口口聲聲「愛臺灣」的綠營，要求臺灣在簽約前與他們溝通服貿內容，應該不會是對於常識的無知，合理解釋只能是「藉口」。

即使民進黨中的一些有識之士也坦承了「雙重標準」，民進黨籍前立委郭正亮表示，民進黨並不反對臺灣與其他經濟體簽經濟合作協議，唯獨對大陸有雙重標準，說穿了就是「反中恐中」。

業界擔心，八大產業最受衝擊

當然，唱空服貿協議的還有島內不少業者。這次臺灣向大陸開放的64個項目，涉及不少小型業者，比如臺灣有兩三千家旅行社，數量多、規模小，而大陸的國有控股旅行社塊頭很大，臺旅行業者很擔心受到大陸同行衝擊，所以在協議中沒有同意在臺的大陸旅行社經營大陸遊客業務，而把經營範圍僅限於臺灣人在臺的旅遊活動。

總體來看，島內最擔心受衝擊的產業包括美容美髮、洗衣、廣告、印刷、經銷、零售、中藥批發、倉儲等八大類。業者擔心一方面是因為這些產業競爭力較弱，臺灣為此成立了特定產業因應小組，一旦認定開放後對相關產業造成一定傷害，將與大陸重新協商開放幅度；另一方面也因為臺官員與業者的溝通不暢造成。

舉例說，在2009年6月第一撥開放陸資赴臺項目中，就包括了中藥材批發項目，4年來只有一家大陸中藥商赴臺做保健品批發業務，該開放項目只不過重新被納入到服貿協議中，並非新增開放內容。但是2013年7月份一些中藥業者還到行政院反對進口大陸中藥，經行政院長江宜樺解釋之後，他們才表示有信心與大陸中藥業者競爭，這說明許多業者對開放項目內容搞不清楚。

事實上，臺灣在服務協議開放的64項當中，有27項是此前已向大陸開放的項目，這次放到服貿協議中，完全是「新瓶裝舊酒」，只有37項是新增開放項目。新增項目成了反對者批判的重點，美容美髮業就是一例。民進

黨危言聳聽告訴業者：「一只吹風機，風力不夠大；但如果有一萬隻吹風機，這力量就很大。」「大陸理髮師都是帥哥，會搶走臺灣女孩子。」

其實，臺灣對於大陸美容美髮業進入，規定的投資門檻是 20 萬美元（相當於 120 多萬元人民幣），對多數小本經營的大陸美容美髮業者而言是高門檻；同時，大陸勞工按規定不得赴臺，所以大陸理髮師無法過去，大陸人在臺開的美容店，僱用的還是臺灣理髮師。可是一些業者不明就裡，造成恐慌情緒蔓延。

▎須持開放心態，把握「黃金」商機

中國社科院臺研所經濟室主任朱磊稱，日本、韓國等其他國家都希望與大陸在服務領域上密切合作，以便搭上大陸服務業的高速列車，但是臺灣許多業者卻在猶豫徘徊，對服貿協議持批判態度，這與世界潮流相背而行。

據瞭解，商務部一個高官曾在香港向民進黨人士表示，兩岸服貿協議談判過程中，大陸計劃要開放 110 多個項目，可是臺灣對大陸開放的項目太少，雙方不能懸殊太大，所以大陸最後只好降到了 80 個項目，這是他多年對外談判中遇到的罕見現象。

臺灣中華經濟研究院專家李淳說：「絕對不能只要糖吃，卻不願意付錢，天底下沒有這等好事。」臺灣向大陸開放的項目，是在「付錢」，大陸向臺灣開放的項目是「糖果」，雖然有大陸「讓利」因素，但雙方交易原則大體還是等價等值。臺灣對大陸開放的口子大一些，大陸對臺灣開放的口子才會更大一些。

而在將來，大陸服務業的「糖果」有多大、有多甜？據國家統計局統計，2013 年第一季度，大陸服務業占 GDP 比重為 47.8%，首度超過製造業的 45.9%，呈現出二、三產業的「黃金交叉點」，顯示出大陸經濟結構的重大調整。

朱磊表示，大陸有 13 億人口的龐大市場，服務業占比首次超過了製造業，這是一個重要標誌，此後大陸服務業將會獲得迅猛增長，預估有 10 年

的服務業高速增長期,加上大陸政策扶持力度不斷加大,為臺商進入大陸服務業提供了前所未有的機遇,這是臺灣服務業登陸的最好時機。

王建民說,自從馬英九 2008 年執政以來,臺商投資大陸從此前製造業為主,開始逐步轉向服務業,服務業投資增幅遠高於製造業,包括金融、醫療、旅遊、航運等領域,臺資卡位明顯加快。在 ECFA 早期收穫清單中,大陸向臺開放了小部分服務業項目,一定程度加快了臺服務業向大陸轉移。「然而總體而言,臺服務業投資大陸規模仍然普遍較小。」

王建民認為,兩岸服務貿易協議為臺商投資大陸服務業提供了政策支持與制度保障,將促進臺商迅速轉向大陸服務業,掀起新的投資熱;同時幫助大陸製造業臺商向服務業轉型,服務業將成為兩岸產業合作的新熱點。

臺灣如果一味以保守心態阻撓服貿協議實施,錯過的是臺灣服務業掘金大陸市場的最好機遇,臺灣應該以積極心態擁抱大陸,以開放臺灣服務市場為交換,牢牢抓住大陸服務業的「黃金十年」。

服務業或掀第四波臺商投資熱潮

在大陸,臺灣服務品牌無處不在:做麵包蛋糕的向陽坊、安德魯森、85 度 C,做衣服鞋帽的麗嬰房、達芙妮、紅蜻蜓,做米餅泡麵飲料的旺旺、康師傅、統一,做咖啡的上島、名典、我家、真鍋……

印象中,臺資服務業似乎與我們的生活更加密切,它的投資額應該也會更加多。不過,從 1983 年臺企「三德興」轉投資廈門算起,臺商投資大陸整整 30 年當中,製造業才是真正的不二主角。

臺灣「經濟部投審會」有統計,臺商投資大陸以來,從 1991 年至 2013 年 4 月,臺灣核准臺商投資大陸服務業占投資大陸總額的比重不超 20%,其中第一大類是批發零售業,占臺商投資大陸總額的 5.7%,第二大類金融業占比 4.4%,第三大類工商服務業占比 3.1%。臺商投資大陸金額,八成以上是製造業。

2013 年 9 月，商務部臺港澳司司長陳星在廈門介紹，臺商投資大陸的製造業比重，從 2008 年的 81.2% 下降到 2012 年的 76.3%，5 年下降了 5 個百分點；臺商投資大陸服務業前五類是批發業、商務服務業、公共設施管理、倉儲業和建築業。

臺商投資大陸先後出現過三波投資熱潮，都屬於製造業領域，第一波是以塑膠、紡織、鞋類為代表的勞力密集型產業，第二波是以石化、PC（桌面電腦）代工為代表的資金密集型產業，第三波是以半導體、面板、光電業為代表的高科技密集型產業。

如今，島內製造業主體已經外移到大陸、東南亞等地，留下來的主體是服務業，臺服務業占 GDP 近七成，不僅比重大，具備「硬實力」，而且具有很強的「軟實力」。以 7-eleven 為例，全臺共四五千家門店，密集度完全可用「星羅棋布」來形容。該店不但賣日用品，而且可以辦理居民的日常繳費、罰款、郵寄等事宜，集多項服務功能為一體，具有非常強的服務競爭力。

當前，在大陸調結構、促內需的經濟轉型背景下，臺資製造業遭遇到日益嚴峻的成本上升、利潤下滑之壓力，其光芒正在逐漸褪色、黯淡，臺資服務業登陸大幕於是徐徐拉開。在大陸舞台上，臺製造業曾經是「三十年的河東」，臺服務業將成為今後「三十年的河西」。

▎服務業引領新潮，誰當其中主角？

以往，餐飲食品、批發零售業是臺灣服務業登陸的主力軍；今後，誰將引領新時代登陸潮流？

朱磊認為，技術含量高、附加值高、知識密集型的現代服務業，未來將成為登陸主角，現代服務業將引領下一波臺商投資大陸熱潮。以金融業為例，從 2010 年初算起，兩岸實質開放僅 3 年多之際，臺金融業登陸規模已在登陸服務業中居第二，並將很快超越第一名的批發零售業。

在兩岸服務貿易協議中，大陸主要開放領域集中在金融、運輸、觀光、醫療、電子商務、文創等產業，其中金融業開放尺度最大，臺業者對於大陸

金融市場向來虎視眈眈，抱有極高興趣。現代服務業能否肩負登陸領頭羊角色，頗受關注。

而廈門大學臺灣研究中心副主任李非卻一直認為，第四波臺資登陸熱的主角應該是生產型服務業，這是製造業向服務業的過渡產業，也稱作第 2.5 產業。舉例說，臺達集團是做電子零配件起家的臺企，這家企業早早在廣東設廠，也在上海成立了行銷服務公司，廣東做的是製造業，上海做的是生產型服務業。再如 IBM 從電腦生產巨頭轉型為全球最大的 IT 服務提供商，這種服務是從製造業自然延伸出來的，專門服務製造業，有別於「純服務業」，也是第 2.5 產業。

當前大陸有 8 萬多家臺企，大多數從事製造業，相當多企業有迫切的轉型需求，它們最可能的轉型方向便是生產型服務業，既與老本行相關聯，也與三產沾了邊。因此，生產型服務業能否成為新的臺資登陸熱點，也有極高的期待性。

第四部分 FOUR PART 產業輪動

第二十六章　中韓 FTA：臺製造業的原子彈

　　出口是臺灣經濟的最大功臣，韓國是臺灣出口的最大勁敵，韓國與全球主要經濟體廣簽 FTA，臺灣的 FTA 夥伴卻幾乎都是小兒科，優劣立判。韓國的這個當年「亞洲四小龍」之尾，竟然扼住了當年「四小龍」之首的臺灣命運之咽喉！

　　2013 年 11 月，臺灣「主計總處」預估全年經濟增長 1.74%；而在這年初，臺灣財經官員樂觀表示，經濟「保二」不成問題。

　　觀察近年來代表官方的「主計總處」預測數據，會有趣地發現，該部門對臺灣經濟成長值的預估，幾乎都是「開高走低」，年初開出的估值最高，越到年底越走低。

　　就近兩年來說，臺灣經濟增速低於全球經濟平均增速，在亞洲主要經濟體之中，僅高於日本。中華經濟研究院經濟展望中心主任劉孟俊認為，臺灣經濟長期低迷成為新常態。

▍韓國經濟快速自由化，危及臺灣出口

　　中華經濟研究院董事長梁啟源介紹，臺灣從 1990 年到 2000 年，經濟年均增長 6.23%，2000 年至 2007 年平均增長 4.23%，2007 年到 2012 年平均增長近 3%。臺灣經濟成長腳步放緩的軌跡非常明顯，在 2012、2013 年，經濟增幅在 2% 上下徘徊。

　　經濟放緩，無非緣於出口、投資、消費等三種驅動力的減弱。就出口而言，臺灣面臨在區域經濟整合浪潮中被邊緣化的命運。臺灣中央大學經濟學系教授朱雲鵬稱，截至 2012 年，韓國每出口 100 美元商品，有 36 美元被 FTA 協議涵蓋，這 36 美元商品可享受趨近零關稅的出口優惠，而臺灣即便把 ECFA 早收清單納入，出口商品的 FTA 涵蓋率也只有 6.35%，兩者相差近 6 倍。

近年臺灣在東盟的出口占有率下降，韓國占比卻在上升，主要原因是韓國與東盟簽了FTA。更可怕的還在後頭，韓國與中國大陸的FTA談判已近尾聲，很可能於2014年簽署，特別是釣魚島事件使中國大陸更願意與韓國結為戰略夥伴，從而加速雙邊FTA進程。

朱雲鵬強調，一旦中韓FTA簽成，這對臺灣製造業來說不是煙幕彈、沖天炮，而是一顆原子彈。臺灣與韓國的出口項目有一半以上重疊，屆時臺灣的石化、紡織、工具機、鋼鐵製品進入大陸要課5%—15%的關稅，而韓國同類產品則能免關稅，臺製造業必將面臨空前衝擊。

逼近公債上限，「財政反循環」失效

每當經濟不景氣之際，便有「財政反循環」一說，意思是經濟趨冷，財政反而要加熱，透過積極財政政策，增加公共投資，增多就業崗位，提高工資收入，拉動民間消費，使整體經濟熱絡起來。

根據臺灣「經建會」發布的景氣對策信號燈，至2013年10月，臺灣景氣已陷入衰退陰霾達27個月，景氣燈呈現為冷色調的藍燈或者黃藍燈，未見暖色調的反映經濟向好的紅燈或者黃燈。

朱雲鵬指出，臺灣受到財政赤字惡化、公債逼近上限的束縛，官方投資、消費負成長，未能實施反景氣的財政擴張政策。以2013年第三季為例，由於官方投資、消費和公營事業投資同比負成長，致使該季公部門支出占GDP比重僅為14.7%。

由於官方投資未能造成「點火」效應，民間投資熱情也被澆冷。2012年臺灣境內投資2.4萬億元（新臺幣，下同），較上年減少1014億元，其中民間投資額連續兩年降到2萬億元以下，超額儲蓄（儲蓄額減去投資額）則高達1.35萬億元，顯示投資力道萎縮。

長期低物價，掉入低品質低薪資陷阱

在萎靡不振的臺灣經濟各項數據之中，島內民眾頗引以為豪的一項數據是物價指數。據「主計總處」統計，2013年前11個月，臺灣物價同比增長

0.8%，同期韓國增幅 1.2%，美國 1.5%，新加坡 2.4%，中國大陸 2.6%，香港 4.3%。相比之下，臺灣物價漲幅最低。

作者 2011、2013 年曾到臺灣駐點採訪，中間相隔兩年時間，除了房價一直上漲，基本沒覺得其他物價在上漲。這與臺媒整天宣稱物價「漲聲一片」有很大反差。在媒體上看到的臺灣，這兩年油價漲、電價漲、房價漲，幾乎什麼東西都漲價了，然而真實的臺灣與「主計總處」的數據顯示並非如此。

或許，這反映出臺媒絲毫不能容忍哪怕有一丁點的漲價，民眾幾乎「逢漲必反」。臺灣世新大學經濟系主任周濟表示，臺灣掉入到如此陷阱之中：低物價——低品質——低利潤——低薪資——低生活水平。正因掉入這個陷阱，所以近年臺灣食品安全事件頻發，臺灣民眾實質薪資停留在 20 世紀末水平。

民眾收入不增，造成消費對經濟貢獻萎縮。2013 年前 10 月，臺灣商業營業額同比微增 0.2%，其中批發業減少 0.3%，零售業增加 1.5%，餐飲業增加 1.1%。

總而論之，出口受挫，投資乏力，消費疲軟，臺灣經濟的長期低迷，自然也是預料中的事情。

第四部分 FOUR PART 產業輪動

第二十七章　臺灣代工產業「美麗而哀愁」

臺灣悶經濟的一個重要根源是代工出口依賴。在全球經濟景氣上升之際，代工業成長得「很美麗」；但當全球經濟變冷之時，代工出口會變得「很哀愁」。產業處在「微笑曲線」底端，經濟當然「笑」不出來，於是很鬱悶。

2013 年 5 月 28 日，臺行政院長江宜樺推出四大面向的 13 項刺激經濟舉措，四大面向分別為擴大消費支出、提振島內投資、激勵創新創業、修正證所稅等，這四大舉措能讓臺灣的「悶經濟」變成「活經濟」嗎？能讓江宜樺就此揭開經濟「大悶鍋」的鍋蓋嗎？

「內需拉動」切中弊病

這次四大面向舉措一個鮮明特點是沒有了外需拉動（即出口拉動），民間消費、島內投資、修正證所稅都是內需拉動的舉措，而長期以來出口是臺灣經濟的主要驅動力。

廈門大學臺灣研究院經濟所石正方副教授稱，江宜樺用「悶」來形容臺灣經濟，點出了臺灣經濟很沉悶、不活絡，主要體現在消費低迷、投資乏力上，怎麼來刺激經濟成長，從四大面向入手可謂對症下藥。

投資、消費、出口是拉動經濟的「三駕馬車」，而出口向來是臺灣經濟最得力的一駕馬車，數十年來臺灣的貿易依存度（貿易額占 GDP 的比重）一直在 100% 以上，而出口占 GDP 比重通常也達到六成以上，出口對臺經濟成長率的貢獻也在一半以上。

石正方認為，這次刺激措施不提出口，是因為歷次刺激經濟都非常強調出口，也做了很多努力，可說是招數用盡，然而在國際金融危機之後，各國投資貿易保護主義盛行，臺灣主要出口市場歐美經濟體萎縮，導致臺灣出口刺激措施的成效不彰。

出口拉動力下降之後，出口型企業收入下降，員工薪資難有實質性成長，因而不敢消費，造成消費萎縮；同時，從 20 世紀末開始，臺灣產業外移成潮，島內投資越發乏力。

消費萎縮、投資乏力，意味著錢不流動，大家有錢不去消費與投資，而是存到銀行，造成了較高的超額儲蓄率（儲蓄率減掉投資率）。20 世紀末臺灣儲蓄率（儲蓄占收入的比值）在 25% 左右，如今漲至 30% 以上，凸顯民間消費更趨保守。儲蓄率越高，投資率（投資占收入的比值）越低，超額儲蓄率就會越高，民間消費隨之越冷。

21 世紀以來十多年中，臺灣民間消費年成長率幾乎在 1%—2% 之間移動，這種增速往往不及同期臺灣經濟增速的一半，而在 1980、90 年代臺民間消費年均增速達到 7%—8%，與經濟增速水平相當。

另一大項的修正證所稅舉措，目的也是加強股市資金的流動性，以股市流動性配合實體經濟的流動性，以此刺激內需（即投資、消費）。

▎長期活力依靠產業轉型

「儘管對症下藥了，方向對路，但能否奏效，還得看具體採取了什麼措施。」石正方強調，臺灣經濟很悶，並非因外部環境引起的短期性問題，而是從 21 世紀以來經濟整體成長率下降，是結構性的問題，原有的製造業外移，新興產業又成長不起來，產業空洞化導致就業下降、薪資停滯。

她認為，江宜樺提到的「鼓勵創新創業」舉措，應該就是著眼於產業轉型升級。從 1990 年代末期開始，臺灣就提出要產業轉型升級，一二十年過去了，臺灣依然嚴重依賴電子代工產業，轉型升級流為空談。

轉型主要包括兩方面含義：一是製造業推出新產業，二是服務業高質化。臺灣產業為何一直沒能成功轉型？石正方認為，一是路徑依賴，臺灣電子代工業多年來發展很順暢，來大陸之後也繼續代工，成長得「很美麗」；不過自 2008 年全球金融危機、2010 年歐債危機以來，臺灣電子產品外銷大幅受挫，現在變得「很哀愁」了。

轉型不成功的第二個原因是臺灣市場空間極其有限，臺灣總人口只有2300萬人，其中一兩百萬臺商、臺幹還常年在大陸生活，這些人是具有高度消費力的一群人。缺乏足夠的市場支撐，造成臺灣製造業外移，又因路徑依賴，創新動力不足，沒有發展出有競爭力的新興製造產業。而服務業是用來服務第一、第二產業的，因為沒有製造業的依託，所以其優化升級之路嚴重受阻。

中國社會科學院臺研所王建民研究員表示，臺灣環保意識高漲，很難發展重化工業與基礎工業，大多數民間投資集中在電子、訊息產業，並且以代工出口為主，國際市場一旦不景氣，電子訊息產品需求便會萎縮，加上近年韓國電子業的迅猛發展，對臺灣的整體產業構成重大衝擊，造成經濟越發窘困。

石正方以為要破解臺灣產業轉型難題，必須依託大陸市場，讓臺灣經濟融入到兩岸經濟一體化進程中，從中吸取養分、動能，兩岸產業良性互動，一起轉型升級。

轉型需兩岸經濟一體化

大陸在「十二五」規劃中提出要大力發展七大戰略性新興產業，臺灣在「黃金十年」規劃中列出六大新興產業，兩者有許多交叉重疊之處，兩岸都提出了要轉型升級，都要從低端的製造業加工邁向「微笑曲線」的高端，發展技術研發與品牌通路。

在這種形勢下，兩岸產業合作，會不會是一種刀刀見血的慘烈競爭？石正方表示，原來的兩岸產業合作主要體現在垂直分工上，通常是島內臺商與大陸臺商的分工，島內接訂單、搞研發，大陸加工、出口，臺商在大陸基本上是獨資經營，與大陸企業的融合度很低，因而準確說是臺商在大陸的「飛地經濟」。

在2009年陸資赴臺以後，真正意義上的兩岸企業合作起步，彼此參股，或者進行併購，開始了兩岸產業鏈的磨合，臺企藉此進入大陸的市場通路，陸企則欲藉此透過臺灣向全球市場通路輻射。

石正方介紹，任何市場都有壁壘（如政策壁壘、文化壁壘等），臺企若不與陸企合作，很難進入大陸市場，只有臺企與陸企對接上了，才能有效配置雙方資源，拓展大陸市場，擺脫依賴歐美市場的困境。她說，如今兩岸企業對接從垂直分工過渡到水平分工，從優勢互補過渡到彼此競合，競合的結果可能是兩利，也可能兩傷。

那麼，兩岸企業合作如何變成兩利？石正方建議，現有產業的話語權在歐美手上，因此兩岸要想占領產業高地，必須開發新技術，開拓新產業，然後共同制定技術、產業標準，創造新品牌放到兩岸市場使用，未來逐步向外拓展。這樣，新技術、新產業的話語權就會掌握在兩岸企業手中。

石正方還樂觀地表示，兩岸企業完全有可能做到兩利，原因是有龐大的大陸市場作依託，如果是一個很小的市場，雙方是在分食蛋糕，可是大陸市場足夠大，完全容得下兩岸企業縱橫馳騁，這時雙方就不是在分蛋糕，而是共同把蛋糕做大。

第二十八章　三大「不友善」，臺灣產業轉型深陷泥淖

　　1970、80 年代，臺灣有過一次成功的產業轉型，奠定了日後電子代工王國地位；可惜此後三十多年，臺灣過度依賴電子代工業，未能實現第二次成功的產業轉型。究竟有哪些瓶頸，束縛了臺灣產業的華麗轉身？這或許是一個永遠不會有答案的問題。

　　雨天路滑，車輪一直在泥地裡打轉，進也不得，退也不成。這好比今天的臺灣產業狀況。

　　今天臺灣產業以電子訊息業唱主角，這源於三四十年前臺灣發起的半導體創業風潮；然而，路徑依賴也使臺灣錯失了產業轉型良機。

　　2008 年全球金融危機以來，臺灣出口急劇滑坡，凸顯其產業競爭力嚴重衰退。當前，臺灣面臨的三大「不友善」，使其產業轉型之路舉步維艱。

　　雨越下越大，司機越來越急，輪子越轉越快，車子卻越陷越深。

▎對服務業開放不友善，服務業增速緩慢

　　2013 年底在臺北舉辦的一場「臺灣經濟的未來與挑戰」論壇上，中華經濟研究院董事長梁啟源介紹，從 1986 年到 2000 年，臺灣服務業占 GDP 比重從 50% 增加到 70%，但是從 2000 年之後，服務業增速就一直低於經濟增長率。

　　以最近的從 2007 年到 2012 年為例，臺灣年均經濟增長近 3%，其中製造業年均增長 5% 以上，而服務業年均增長 2.5%，服務業中的金融業更是僅年均增長 1%。

　　梁啟源稱，在 20 世紀末，臺灣實行金融、通訊領域的大開放，引入民間資本與外來資本競爭，推動了服務業大發展，使其在 GDP 中的比重達到七成。

可是 21 世紀十多年來，臺服務業比重不再上升，其出口額更是只有總出口額的 15%，說明臺灣服務業對外競爭力低下，原因是服務業開放程度遠遠滯後。

梁啟源舉例說，大陸（含香港）市場占臺灣出口額的 40%，然而兩岸簽署的推動互相開放市場的服務貿易協議，卻遲遲在臺灣未能通過生效。

臺灣只有進一步自由化、國際化，才可增強服務業競爭力。服務業發展停滯，阻礙了製造業向服務業的轉型。

▍對新興產業不友善，年輕人創業熱情熄火

產業轉型包括兩層含義，一是舊有產業的轉型，指一產、二產向三產轉型；二是創造新興產業，創業是產業轉型的重要推動力。

我們來看創造新興產業方面。臺灣工業技術研究院董事長蔡清彥指出，2012 年全臺灣的創業投資基金總額只有 15 年前的 1/10，這充分反映了臺灣對新興產業的不友善態度。

蔡清彥很懷念幾十年前臺灣的創業好時光。在 1970 年代，因為石油危機與新臺幣升值，臺灣遭遇了重大的出口挑戰，臺灣於是鼓勵創新創業風潮，創造新興產業，創造新的出口競爭力。

那時候，創業沒人才，政府就在1973年成立了工業技術研究院，引入「海歸派」回臺服務；創業沒資金，就大力推動設立創投基金，推行員工配股分紅制度；創業沒土地，就辟出一個接一個的科學園區。

1980 年，臺灣聯電公司成立，1987 年台積電公司成立，半導體產業帶動了臺灣最熱創業風潮，使臺灣產業由勞力密集向科技密集轉型，奠定了此後科技產業 30 年榮景的基礎。

蔡清彥動情地說，今天臺灣的多家世界級公司，老闆都是 60—80 歲的老人，是已故的百歲老人給他們創造了機會；今天這些 60—80 歲的老人，能否也給下一代人創造機會，爭當年輕人創業的金主？

為構建友善創業環境，工研院近年倡導內部創業文化，鼓勵從大企業中分出一個個組織去創業，並在產業鏈各個環節提供「創新育成」服務。工研院受到李開復在大陸設立創意工場的啟發，正與李開復籌組「臺灣創意工場」，智援、金援有潛力的臺灣創新團隊。

對高階人才不友善，臺灣成為人才淨流出地

臺灣元智大學校長張進福表示，臺灣產業深陷瓶頸，如何脫困？必須靠人才，產業提供人才發展的機會，人才是產業轉型的關鍵要素。但十分遺憾，臺灣對人才採取了「拒之門外」的態度。

遠見‧天下文化事業群創辦人高希均認為，臺灣是一個「極其慷慨大方」的地方，幫助大陸訓練學生，卻不用大陸學生，以「陸生三法」禁止其在臺灣暑期打工、考取專業執照、畢業後找工作等。高希均說，新加坡吸引海外留學生，發給獎學金，但前提是他們畢業後要在新加坡服務三年。

張進福稱讚美國永遠青春、活力、美麗，因為國外最好的人才都跑到了那兒，美國上市公司的創業者一半來自外國；反觀臺灣，卻缺乏海外人才工作的環境，形成高階人才「只出不進」。

梁啟源介紹，這 10 年來，臺灣每年外移人口 2—3 萬人，6 成以上是白領人才；當前臺灣外僑近 50 萬人，其中白領只占 2 萬人。梁啟源認為，人才外流原因一是經濟低速發展，二是打「肥貓」過頭，把領高薪的人才一律視為「肥貓」加以痛打，把人才都逼走了。

臺灣旺宏電子總經理盧志遠強調，任何產業發展，都要靠資金、技術、人才三大要素達成，其中人才最為重要，因為有了人才，其餘兩項就可依序到位。

第四部分 FOUR PART 產業輪動

第二十九章　臺灣文創產業「活化」之術

　　文創產業與生活品質相輔相成，當人們注意提升生活品質時，文創產業自然蓬勃發展；文創產業欣欣向榮，又反過來提升人們的生活品質。臺灣民眾注重生活品質，這為文創提供了肥沃的土壤，臺灣文創有一種精緻之美，有一股活化之源。

　　臺灣文創產業可謂奇思泉湧，善於把沒什麼風景之處，變成「風景這邊獨好」；把沒什麼內涵的東西，變成一撥撥觀光客引頸欣賞。

　　筆者2011年駐臺探訪期間，實地探訪了臺南市多個文創基地，切身體會到臺灣文創高超的「活化」之術，目睹了一個個荒棄的廠房、空間，如何被「活化」成人氣超高的「財源」。

糖廠變成鼓樂場

　　臺南市十鼓文創園區占地面積5萬平方公尺，是臺南新的文化地標，也是亞洲第一個以鼓樂為主題的文化園區，園內設有室內鼓樂場、室外水槽鼓樂場、鼓樂博物館、擊鼓體驗館、制鼓手工坊，把鼓樂這一主題「掘地三尺」，甚至還推出「鼓早」味冰棒，諧音「古早」味，令人印象深刻。

　　十鼓園區在數年前，可沒有如此風光，而是一番怨婦被打入冷宮的情景。這裡原屬臺灣糖業公司的一處製糖廠，隨著現代生活對糖的需求在減少，此處糖廠漸漸淪為「半失業」「全失業」狀態，高聳六七十公尺的糖廠煙囪，更顯得高處不勝寒。

　　2005年，臺灣十鼓擊樂團看上了這塊被荒棄的「寶地」，經過重新規劃、改造，兩年後十鼓文化園區正式迎客，煙囪雖然沒有了炊煙裊裊，但是人們的祈福聲由此傳送至高天。擊鼓「菜鳥」可到體驗室盡情體驗一番，在導覽員教授之下，不一會兒便可向外人炫耀一番擊鼓技藝，說不準令外行視你為「擊鼓達人」。

原來運載甘蔗的小火車也重新派上用場，不過甘蔗變成了遊客，感受著老牛拉破車的緩慢節奏，不由得令人浮想起當年糖廠工人收割、運載甘蔗的繁忙景象。物是人非，滄桑變化，糖廠成了荒地，荒地成了園區，園區成了景點。

鹽場堆成「長白山」

臺南市七股區有一座終年「白雪皚皚」的山，三四層樓高，不少成年人童心未泯，興致勃勃地在上面溜「溜滑梯」。登上山頂，舉目四望，是當年晒海鹽的片片鹽田，如今也成了遊人體驗晒鹽的場所。

這座山叫七股鹽山，本是臺灣鹽業公司七股鹽場的晒鹽堆場。臺灣因為氣溫不夠高、雨水又多，在進口鹽的衝擊下，晒鹽競爭力逐年衰退，21世紀初臺鹽公司全面關閉晒鹽場，七股鹽場也不例外，至此長達300多年的臺灣晒鹽產業走入歷史。

鹽晒不成了，臺鹽公司便把無處可去的鹽堆成了一座山，因為終年白茫茫一片，被當地人稱作「臺灣長白山」，與吉林長白山對照成趣。此「長白山」不收門票，主管單位卻開發出鹽雕、鹽飾、鹽皂等工藝品，遊客們可將不同顏色的鹽巴裝入形狀不一的瓶子袋子裡，既當飾品也保平安，還可自己動手，做成鴨子、愛心、花形等不同造型的香皂，長期塗抹有利保養皮膚。

在相隔不遠的井仔腳鹽田，無意間看到一個婦女頭戴斗笠、腳穿水鞋，正用工具推著田裡的鹽巴。導覽員介紹，這個婦女原來是晒鹽農民，鹽田歇業之後就成了鹽田所屬風景管理區的員工，她的工作不再是晒鹽，而是給前來參觀、體驗的人們做晒鹽示範，讓他們在學到晒鹽知識之餘，更體會到以前農民晒鹽的辛勞，以及晒鹽DIY（自助）的樂趣。

「割稻飯」餐廳和「豬舍客房」

臺灣文創業者真是想人所不敢想，奇思異想迭出，精妙作品紛呈。幾年前，一部《無米樂》影片紅了臺灣，影片主人翁是臺南後壁區菁寮社的一個村民，此人曾以「臺農71號」稻米奪得全臺「冠軍米」殊榮。透過《無米樂》

的風靡，菁寮社稻田如波似浪、稻穀遠近飄香的場景，激發起無數都市人回歸田園的動力，也使得當地從此遊客不斷。

臺南市觀光旅遊局官員介紹，菁寮社推出「二日500元自助遊」活動，遊客只要交500元新臺幣，就能從臺南車站免費搭車到菁寮，免費在菁寮體驗割稻，體驗婦女們製作手工袋。另外，當地特色的「割稻飯」也絕對值得一嘗，不過這需另外付費。

割稻飯來源於當地收割稻穀的農忙季節，某家人請村民們幫忙割稻，僅靠一家的菜不夠吃，就請幫忙的村民都帶上自家菜，吃飯時便把大家的菜合在一塊吃。飯菜鋪在田埂上，人們或坐或蹲或站津津有味吃著「割稻飯」。如今為了方便遊客，菁寮社專門在空地上搭蓋了涼棚，涼棚內擺上「割稻飯」，吹著自然的天風，坐在木條凳子上，吃起來別有一番滋味。

菁寮社幹部介紹，除了利用空地搭蓋「割稻飯」餐廳，還利用村民棄之不用的豬舍改造成客房。一名幹部詼諧地說，這些豬舍前低後高，遊客進門時體會到「人在屋簷下，不得不低頭」的意境，並且四面通風，比城市冷氣更涼爽。當然，會盡量雅化這些豬舍，使之顯得有文化品位。

荷花深處是陶坊

臺南市白河區是全臺蓮子、蓮藕的最大產區，蓮區一年四季各有不同的鄉村表情，特別到每年盛夏賞蓮期，蓮海飄香，蓮花妖嬈，賞蓮人絡繹不絕。

受到蓮區的啟發，當地文創工作者林文岳把舊房子改造成「白荷陶坊」，從涼亭到門窗、桌椅，多數由廢棄木頭搭建而成，而林文岳的創作，無論是水墨、陶藝，還是荷染，無處不留下「蓮花印象」。

白荷陶坊的製作特點是取蓮蓬灰加石灰石，用溫泉土混合其他材質，燒到1200多攝氏度高溫成為溫潤的陶器後，再以荷染布包裝成一件件「荷味」十足的工藝品。遊客可到那兒體驗陶玩DIY、荷染DIY，並帶走DIY作品，也可騎著自行車暢遊蓮鄉，累了餓了時，當地的蓮花套餐就成了你不錯的一種選擇。

第五部分　FIVE PART　民生觸動

◎在臺灣，一個人是如何變窮的？

◎臺灣何以掉入「低薪陷阱」？

◎臺灣養老金「右轉」求生存

◎「以房養老」：為養老新開一扇門

◎臺灣「少子化」社會如何煉成？

◎臺北為何高房價、低租金？

◎從奢侈稅看臺灣「打房」得失

◎臺灣電價市場化之困

◎臺灣計程車「牌隨人走」可供借鑑

第三十章　在臺灣，一個人是如何變窮的？

物以類聚，人以群分。學貸族、派遣族、卡債族、房奴族、照護族、流浪族……這一系列族群，生動反映出一個人在臺灣的貧窮軌跡。

2011 年還在臺灣大學政治學系就讀研究生的陳方隅，很慶幸自己上了公立大學，每年的開支不會太多。可他的表弟表妹就沒這麼幸運了，他們上的是私立大學，學費貴出公立校兩三倍，加上雜費、住宿費及其他生活費，每人每學期約 10 萬元（新臺幣，下同）。

陳方隅表弟表妹兩人每學期總共要花 20 萬元，一年就要 40 多萬，算下來父母每個月要在他們身上花 4 萬元，而父母兩人每月收入加起來不到 5 萬元。表弟表妹就像其他同學一樣，申請了助學貸款，不過按規定每人每月學貸不能超過 6000 元，剩下的資金缺口，只能靠他們課外時間打工補貼。

在臺灣，許多人從學生時代就背負債務，畢業後工作不好找，或者找到的是薪資很低的派遣工，經濟緊張就辦信用卡透支，一不小心成為卡債族，如果在都會區上班，「安居」也成為奢想。萬一工作沒了，又沒房子，甚至可能流落街頭成為遊民，成為貧困族群中的最底層。

▍學貸族還沒工作就還貸

這些年，臺灣薪資增長像蝸牛爬樹，筆者跟一些臺灣人交談時，他們對大陸工資增長速度羨慕得不得了。2010 年是臺灣經濟 20 多年來增速最快的一年，達到 10% 以上，可是這年臺灣薪資占 GDP 的比重只有 44.5%，比重較上年反而下降了 8%。

臺灣反貧困聯盟表示，臺灣處於低薪社會，1990 年薪資占 GDP 的比重還有 51%，可是 20 年過後，反而掉到 44.5%，遠低於 2010 年香港的 58% 和日本的 63%，這反映了臺灣民眾沒有享受到經濟成長的果實。

上班族實際薪資縮水，作為他們上學的子女，越來越依靠學貸完成學業。臺灣反貧困聯盟介紹，2011年約有81萬人欠學貸，人均欠二三十萬元。陳方隅希望，除了提高貧困學生的獎助學金，還應讓他們量力還款，工作後如果遇上失業、生育、家庭變故等，應當延長還貸期限或提供短期免息貸款。另外，按月還款額應該與薪資收入成正比，避免學貸族踏入社會就淪為貧困人群。

派遣族上班隨時會被解僱

臺灣有一個名詞叫「非典型就業」，指那些不是常態、典型的就業，多按時計算工酬，以派遣工為主。派遣工屬於中介派遣公司，不是就職單位的正式工，由派遣公司根據需求派到不同單位，因此他們的一部分報酬被派遣公司作為中介費抽走了。

陳方隅介紹，臺灣從20歲到30歲的年輕人中，約四分之一是派遣工。他們沒有加班費過節費，沒有福利，還可能隨時被解僱。越來越多單位基於成本考量，把一份正式工的工作拆成由若干個派遣工來做。

2010年臺灣勞動生產力（單位時間內的生產量）比上年增長了16%，然而單位勞動成本（生產總量除以勞動時間）卻同比減少了11%，這表明企業收入增長了，員工收入下降了，企業沒有與員工「有福同享」。員工收入下降的一個重要原因，就是派遣工的增加。

2010年臺灣月薪低於2萬元新臺幣的有104萬人，而2008年才82萬人，這個數據也說明了以派遣工為代表的低薪階層在擴大。

卡債族信用卡循環套現

越來越多年輕人每月入不敷出，成為「月光族」，但日子終究要過下去，怎麼辦？辦張信用卡把銀行的錢先借出來用，「月光族」就成了「卡債族」。

前些年臺灣銀行部門大力發展消費金融，對信用卡審核非常寬鬆，造成「卡奴」泛濫，釀成全社會的「雙卡（現金卡、信用卡）風暴」。臺灣「法律扶助基金會」介紹，曾有一個低收入民眾黃先生透過「以卡辦卡」，竟然

辦了 9 張信用卡，後來實在無法償還 60 多萬元的連本帶息，找「法扶會」幫忙與銀行打官司。

多數卡債族跟銀行發生糾紛時，由於沒有第三方協調，往往處在絕對弱勢狀態。據稱，卡債族無能力還款時，可以申請更生或者清算。「更生」有重獲新生的意思，假如你借了 20 萬，後來利滾利變成 100 萬債務了，申請「更生」通過後，也許只需還 50 萬就可以了。「清算」代表你已經破產，債務可一筆勾銷。

臺灣反貧困聯盟表示，目前臺灣的「消費者債務清理條例」規定太模糊，對於更生、清算條件指向不明確，申請者通過機率僅 10% 左右，而發達國家和地區通常在一半以上。臺灣近年來沒再公布卡債族數據，但據民間推估，全臺還有數十萬卡債族，如何讓他們合理解除債務，是臺灣社會面臨的一大問題。

房奴族根本買不起房子

除了卡奴，還有房奴。近年在臺灣都會區，特別是臺北市房價一路躥高情形下，房奴隊伍日漸壯大。近年來，房價高居民怨之首。由房奴組成的「無殼蝸牛」聯盟，在臺北街頭消失了多年之後重新出現，以蝸牛無殼無居的辛酸形象，抗議房價漲得「沒有人性」。

以臺北房價為例，一手房均價從 2003 年至 2012 年翻了一倍，大約是前 5 年從每坪（1 坪＝3.3 平方公尺）近 40 萬漲到 60 萬，後 5 年從 60 萬漲到近 80 萬。好地段的房子每坪一兩百萬，一些甚至接近三百萬。

據臺灣反貧困聯盟提供的數據，全臺的社會住宅（只租不售，相當於大陸的廉租房）僅幾千套，不到全臺總戶數近 800 萬戶的 0.1%，而西方發達國家和地區多在 10% 以上。該聯盟透露，將努力推動制定「住宅法」，讓買不起房子也租不起商品房的人有一個安身處所。

▌照護族生病了入不敷出

臺灣家庭照顧者關懷總會負責人袁慧文長期接觸低收入家庭，她看到了太多因病致貧的例子。她說，家裡如果有一個人得了中風或其他慢性病，需要有人長期照護，家中主要勞力可能因此而放棄工作，經濟收入沒了，還得承擔巨額醫療養護費用，因此陷入了貧困之中。

袁慧文稱，全臺有四五十萬個需要長期照護人員，但只有千把個低收入老人每月能領到 5000 元財政津貼，受益人占總數的 0.5% 還不到，即使能領到 5000 元，也只是象徵性補助。

從 2011 年 7 月 1 日起，根據臺灣新的貧困線標準，貧困人口占比 3.3%，近 80 萬人。這個比例遠低於全球許多地方的將近 10%，臺灣對貧困人員的標準規定得太嚴苛，使得許多該享受財政津貼的人無法享受。

▌流浪族一貧如洗睡街頭

貧困族群中的最底層，便是流浪街頭的遊民了。一些三四十歲的人住不起房子，沒有固定收入，就睡在公園、火車站等地方，據臺灣政府統計有 3000 多人，但據民間估算，應該多一倍以上。

政府部門針對遊民建了一些安置所，但床位總數根本是杯水車薪，多數遊民得不到適度的照護。反貧困聯盟提議，臺灣應對遊民進行分類輔導，讓有工作能力者重新就業，讓老弱病殘者有吃飯、洗澡的地方；同時，撥預算給宗教團體、民間團體。而事實上，有時候警察把遊民的背包當成垃圾扔掉，等於把他們的家當也扔掉了，更使得遊民「一貧如洗」。

▌貧富差距拉大　貧窮焦慮增強

貧窮是一個模糊概念，有人年賺百萬，也覺得自己很窮。貧窮往往是一種心理感覺，如果老覺得自己窮而煩躁，你很可能得了貧窮焦慮症。

當今社會，這種焦慮症有兩大根源，一是貧富差距拉大，二是房價高居。貧富差距拉大，相對剝奪感增強，焦慮感就會越強。而高居的房價，已吸乾了眾多上班族的大部分薪水。

臺灣社會按 20 個等級來劃分，1998 年最高收入 5% 家庭所得是最低所得的 33 倍，2008 年升至 65 倍，2011 年高達 97 倍。2011 年最低 5% 家庭所得僅 4.8 萬元，最高 5% 所得高達 463.5 萬元。窮者越窮，富者越富，社會中間階層在萎縮。至於房價，已成為臺灣民怨之首，足見它給民眾帶來的焦慮感。

為了消除貧窮，臺灣如何合理運用稅收槓桿，彌平貧富鴻溝；如何合理抑制房價，藏富於民眾，是擺在臺灣眼前的兩大難題。

第五部分 FIVE PART 民生觸動

第三十一章　臺灣何以掉入「低薪陷阱」？

曾幾何時，我們印象中「水深火熱」的臺灣人，回大陸探親時卻個個富得流油，他們的錢財對我們來說幾乎是天文數字。時光流轉，臺灣人這般好日子已經一去不返了，他們的工資，十幾年來基本上沒有「與時俱進」。

據臺主計處統計，2013年上半年臺灣上班族平均月薪48651元（新臺幣，下同），扣除物價上漲因素後的實質月薪為47557元，衰退到1997年水平。

以10年為一個階段回顧臺灣的薪資變化軌跡：1981年平均月薪10677元，1991年26881元，2001年41960元，2011年45749元。過去3個10年中，第1個10年薪資漲幅1.5倍，第2個10年漲幅近6成，第3個10年不到1成。

而如果觀察臺灣的實質薪資，近年來基本上在45000元上下浮動，與1990年代末相當。十多年，實質薪資原地踏步，臺灣掉入到可怕的「低薪陷阱」之中。

▍整體經濟走弱，產業結構低端

中國社會科學院臺灣研究所王建民研究員表示，臺灣工資增長停滯，最重要原因是經濟增長走弱，競爭力走低，工資滯漲往往是經濟低增長的表現。

臺灣經濟走過了1970至90年代的高增長之後，21世紀以來，陳水扁執政8年（2000—2007年）的年均增幅約4%，馬英九執政前5年（2008—2012年）年均增幅不到3%，是高增長期間的攔腰砍半水平。

整體經濟環境變差，自然導致企業競爭力變弱，加上臺灣產業結構沒有順應形勢轉型升級，製造業依然以電子訊息業代工為主，伴隨著大陸、東南亞等代工基地的迅速崛起，以及2008年全球金融危機以來美歐市場需求緊縮，代工利潤日益微薄，企業盈利能力更加下降。企業為了壓縮成本，只好盡可能少發工資。

據臺「經建會」統計，2001年臺灣中間產品占出口的比率是61%，2011年升到74%。這意味著，臺灣出口產品越來越多不是直接送給消費者的成品，而是要經過加工、組裝的零組件，陷入到所謂的「代工宿命」之中。

臺灣競爭力論壇理事長彭錦鵬稱，十幾年來，臺灣創新力道減弱，產業升級減緩，所以對於前沿科技人才的需求減小，企業沒動力比薪資比待遇，去爭取高端技術人才，而低階人力遍地都是，無需提工資吸引他們。

另外，占臺灣GDP七成的服務行業，絕大多數是中小企業，缺乏國際競爭力。隨著臺灣產業外移，百萬臺商臺幹「登陸」，他們是消費力最強的一群人，這種消費能力外移，減少了臺灣服務行業的收入，從而影響到服務業提薪。

公務員被視「特權」，公營企業抓「肥貓」

企業員工沒法漲工資，而作為「公家人」的軍人、公務員、（公立學校）教師，在經濟景氣不好時，他們如果漲薪，就容易被視為「特權」而加以抨擊。

王建民觀察，在陳水扁執政前期，臺灣軍公教人員工資基本與經濟同步增長，年年調漲工資，但到了扁執政後期，經濟形勢變壞，社會矛盾加深，公務人員被視為特權階層，扁政府沒再敢漲他們的工資了。馬英九上台後，經濟形勢更加惡化，調漲公務人員工資更加難上加難。

以大學教授薪資為例，臺灣教授月薪大約10萬元，約為香港的1/4、新加坡的1/3，以及相當於韓國的6成。這是因為臺灣公立大學教授屬於公務員，最高級別教授月薪不能超過12萬元，香港、新加坡的特聘教授薪資不封頂，還可以分紅、兼職開公司，或在公司任董事、顧問等，這些在臺都是禁止的。

另外，公營企業和政府為主出資的財團法人，也要比照公務員薪酬體系，嚴重缺乏彈性。這些單位一旦有領取高薪者，往往被當成「肥貓」予以輿論痛打。臺灣證交所董事長年薪為四五百萬元，而新加坡、香港等地同樣職位年薪是幾千萬。島內不少學者認為，打「肥貓」其實是「民粹、平頭主義」，用一般人眼光看高端人才。

王建民表示，臺灣公務人員與企業人員的工資高度聯動，公務人員「凍薪」，造成企業更不願漲工資；企業工資不漲，又導致公務人員工資更難漲，形成了比賽不漲工資的惡性循環。

人力供需失衡，青年失業嚴重

臺灣低薪化還與勞力結構失衡密切相關。21 世紀以來，臺灣高科技業者在品牌大廠猛砍代工價格的壓力下，生產線大量外移，相當多崗位隨之外移，而島內留下的產業沒有及時升級換代。這就造成了島內對高端科技研發、創意設計、品牌營銷人才的需求不旺，大批有這方面專長的大學生找不到工作。大學生因為忽視了技職訓練，到車間的動手操作能力差，導致不少代工企業島內招不到人，只好招收許多境外勞力，而境外勞力工資更被嚴重壓低，不少人每月只領到最低工資約 2 萬元。

這些年，臺灣失業率通常在 4%—5% 之間，可是以大學生為主體的年輕人（20—24 歲）失業率往往在 12% 左右，是社會平均失業率的 3 倍。據臺灣 1111 人力銀行 2012 年底對剛畢業或退伍的社會新鮮人做的調查，近三成受訪者起薪不到 2 萬元。據臺灣 104 人力銀行調查，2011 年剛畢業的專科生平均月薪 2.4 萬多元，大學生 2.6 萬多元，研究生 2.8 萬多元。這種情形下，不少大學生奔著「月薪 10 萬」的夢想，遠走澳洲當屠夫、農夫、礦工……

外勞和大學畢業生的低薪嚴重拉低了整體工資水平。彭錦鵬強調，薪資歸根結底反映的是人才的供求關係，企業外移，導致人力需求減少；大學擴招，外勞不缺，導致相關人力供應增加，從而造成了臺灣薪資滯漲狀況。

第五部分 FIVE PART 民生觸動

第三十二章　臺灣養老金「右轉」求生存

　　老齡化是一個全球性的課題，伴隨而來的是養老保障難題。作為個人，誰都希望養老金「多多益善」，民選政府為了討好民意，也盡可能承諾多給。只是，財政早已捉襟見肘的臺灣，憑什麼來不斷填充這個大洞？

　　2013年，臺灣養老金制度走到拐點，經過了多年的左轉（指財政高福利補貼），此後將逐漸開始右轉（指收支平衡的市場化機制）。

　　2013年1月30日，臺灣政府公布了養老金制度的第一階段改革方案，總的方向是「少領多繳晚拿」，民眾今後繳的費用會逐年提高，領的養老金則逐年下降，申領年限也會逐步往後延。

　　這個改革方向無非是要保證臺灣養老金的各個資金池能夠細水長流，而不是涸澤而漁。若不改革，多個養老資金池將在十幾二十年後逐個乾枯。臺灣領導人馬英九還發出危言：「好比一顆引線愈來愈短的炸彈，如果現在不改革，未來這列火車（養老金）一定會墜崖。」

　　按照改革前的養老金制度，臺灣軍人退休金將在2019年破產，勞保基金將在2027年破產，公務員退休金也將在2031年破產。臺養老金是如何一路走到了破產邊緣？它給同樣急速奔向老齡社會的大陸能帶來哪些鏡鑒？

▌養老金「左轉」多年，缺口越來越大

　　臺灣是一個高福利社會，最具代表性的是其各類養老保障與全民健康保障，曾引來以高福利著稱的歐洲國家前往取經。長期以來，其公職人員退休所得替代率（退休金與退休前薪資的比值）高達八成以上，在全球數一數二，遠高於北歐國家。

　　臺灣的軍人、公務員、教師均屬於公職人員，他們如果在1995年之前退休，退休待遇除了百分之百的本俸（相當於大陸公務員的基本工資，扣除了職務和專業補貼），還可享受18%的優惠存款利率，就是說他們的退休金

存到銀行，年利率為18%。另外，他們在年終可領取一個半月薪資的獎金（該獎金在2012年底被緊急叫停）。

2011年全臺共44.5萬人領取軍公教退休金，這年他們平均每人領到了本俸30.4萬元（新臺幣，下同），同時平均每人的存款利息所得為15.4萬元，合計每人一年所得將近46萬元，這種退休所得替代率達到了大約九成。

1995年後退休的公職人員，雖然不能享有18%的優存利率，但他們的退休金以本俸的2倍為基數來計算。假如甲在職時的本俸為4萬元，統計基數就有8萬元，如果其工作年限有35年，那麼計算公式為$8×35×2\%=5.6$（萬元）。如果說甲退休前薪資（本俸加上職務或專業補貼）有6萬元，則其退休所得替代率是$5.6÷6=93\%$。

在臺灣各類領取養老金的人群中，軍公教人員是待遇最豐厚的一群人，他們因此成為近千萬勞工抨擊的焦點。2012年10月，臺灣「勞委會」精算報告披露，臺灣的勞保基金將在2018年達到最高峰，2019年開始入不敷出，2027年破產。此事立馬掀起軒然大波，2012年10、11月兩個月，提早辦理退休的勞工激增，勞工共提領退休金700多億元，是平時的四五倍之多。

勞保基金的保障對像是臺灣民營企業職工，參保薪資從1萬8千多元到4萬3千多元不等，現行制度按薪資的8%交納費率，保費由企業主支付七成，職工支付二成，政府支付一成。一些沒有僱主的經營人員，如計程車司機、個體小店主，則可以透過職業工會加入勞保，保費由政府支付一成，自付九成。

根據臺灣立法院預算中心的報告，至2012年底，臺軍公教退休金的隱性負債已高達8萬億多元，勞保基金隱性負債7萬多億元，「寅吃卯糧」現象嚴重，這兩類養老金隱性負債也造成了臺灣財政總負債（帳面債務加上隱性債務）已高達二三十萬億，占GDP的比值達到了160%以上。

精算報告顯示，2012年底臺灣勞保基金帳面約5000億元，2018年將達到高峰值9000多億元，然而按照目前費率及申領方式，勞保基金在2027年就會見底，50年後將累積負債33萬億元。臺灣為使勞保基金細水長流，公布了費率兩階段改革方案：第一階段每年以0.5%升幅，將保險費率提高至

12%；第二階段按評估機制估算，如果勞保基金還是入不敷出，再持續逐年調高 0.5% 到上限 18.5% 為止。

▌政策買票逐年加碼，保障易增難減

臺灣農民的養老待遇，比起企業職工還好。農保費率最低，按 10200 元標準繳交 2.55% 的保費，政府支付七成，農民自付三成，折算後農民每月只需付 78 元保費，交半年以上，待年滿 65 歲即可每月領 7000 元老農津貼，全臺約 70 萬人領這筆津貼，一年僅這筆開支就達到 500 多億元。

老農津貼始於 1995 年，當時臺灣社會「錢淹腳目」，財政實力雄厚，政府考慮到農民一輩子辛勤勞作，晚年卻無經濟保障，影響到他們老年生活的尊嚴，於是從當年起給每個 65 歲以上老農每月發放 3000 元津貼，此舉正式拉開了臺灣各種福利補貼拚命加碼的「戰國時代」。

從 1990 年代起，臺灣進入到選舉社會，島內兩大政黨為了討好選民，每逢選舉就開出政策支票，當選後再積極兌現，在此背景下，老農津貼從 3000 元加碼到 4000、5000、6000、7000 元。一些人根本不具農民身分，可是為了領到老農津貼，當起了假冒農民，於是一塊地經過多次流轉，可能幫助了十幾人，甚至幾十人成為「農民」。

臺北士林地區一個葉姓女子在 2009 年把一塊地分成四塊，土地所有權分別轉移給四人，其中一人又將分到的地分割成三塊不同地號的地。這些地塊接下來不斷轉移所有權，許多是假買假賣，一些人只為取得農民資格，短則一個月，長則一年多，取得農民資格後就移轉給下一個人。原本一個地號的土地，前後竟然誕生了 41 個「農民」！時任臺北市議員林瑞圖質疑稱：「這塊地要坐直升機才到得了，非常陡峭，可能種東西嗎？！」

對於那些不具農民身分、又沒有參加工作的失業人員或家庭主婦，因為他們沒有辦理任何養老保險，臺灣從 2008 年起給予辦理「國民年金」，參保費率為 1 萬 7 千多元標準的 9%，參保人自付六成，政府付四成。因為「國民年金」的參保基數較低，一些無業人員也以各類職業工會名義，參加勞工保險。「國民年金」不僅養老金少，給付項目也很少，只有老、殘、死三種

情況可獲津貼補助，而勞工保險共有 8 種情況可獲津貼補助，激勵了許多不合勞工條件的人申辦勞工保險。

目前臺灣有近千萬人加入勞保，其中近 300 萬人透過 3000 個職業工會投保，比例高得不合理。2009 年，臺灣「勞保局」曾開展職業工會檢查行動，結果發現假會員高達六成多。

▍改革號角吹響，「右轉」趨勢不可逆轉

2012 年底，臺行政院牽頭成立了退休金改革領導小組，臺灣養老金的經費不足、行業不平、世代不均等三大問題浮上了台面，臺灣將從增加繳費、減少領取、平衡職業不平等面向進行改革。

根據臺灣退休金的第一階段改革方案，改革重點是少領、多繳、晚拿。「少領」第一刀砍向 18% 優惠存款利率，軍公教人員所享有的 18% 優存利率，將分職級逐年下調到最高 9%；同時，以退休前本俸 2 倍為基準的退休金計算方法，調降到以最後在職 15 年平均本俸的 1.6 倍，以使他們高達九成的所得替代率降至八成以下。

「晚拿」是指公務員申領退休金資格將從「85 制」（工作時間加年齡為 85 年）改為「90 制」，以後公務員須工作滿 30 年、年滿 60 歲，或工作滿 25 年、年滿 65 歲方可按月領取退休金。

「多繳」則是針對勞工保險費率，方案規劃勞保費率從 8% 逐年調高到 18.5%。另外，「多繳」還包括解決「高薪低保」問題。臺灣勞保的投保薪資從 18780 元到 43900 元不等，現行勞保制度依照投保期間最高 5 年投保薪資計算保費，許多人鑽了這一政策的漏洞，高薪低保，到臨近退休的最後 5 年，再按高薪資來繳交保費，造成了繳費漏洞。

在這種制度下，按最高投保薪資投保 5 年與投保 25 年，繳交的保費相差懸殊，但是退休後所得相差無幾。臺灣東海大學社會工作系助理教授陳秀惠估算，這類投機的「繳少領多」，至少造成臺灣財政每年上億損失。

臺立委王育敏介紹，法國勞工保險按25年平均投保薪資來給付保費，日本、德國按終身投保薪資來給付。為了彌補勞保基金缺口，臺灣勞保局規劃依照投保期間最高12年投保薪資計算保費，減小「高薪低保」漏洞。

　　臺灣內政部稱，臺灣社會的老化速度遠快於歐美發達國家，1993年臺灣65歲以上人口突破總人口的7%，進入高齡化社會，到2012年底已突破總人口的11%，老年人口將近260萬。按照這種速度，臺灣將在2017年老人比例達到14%，邁入高齡社會；預計2025年達到20%，邁入超高齡社會。

　　臺灣內政部表示，臺灣從高齡化社會過渡到超高齡社會，預計只有30多年，而歐美國家過渡期通常有100多年。臺灣社會加速老化，使得養老保障問題愈加急迫，如何保障養老金不夭折，已經成為臺灣當政者的一個重大挑戰！

第五部分 FIVE PART 民生觸動

第三十三章 「以房養老」：為養老新開一扇門

　　兩岸都開始探索「以房養老」實踐，中國向來是養兒防老，如今的養老保障金制度是集體儲蓄防老，讓大家年輕時賺的工資留一部分到退休後，而以房養老開闢了以不動產養老的新思路。

　　2013年3月至2017年底，臺灣試行「以房養老」制度，實施對象為100名有房產、無子女的貧困老人（65歲以上），他們以自己的房產估價抵押給臺灣後，仍可繼續住在自己房子裡，並擁有房子所有權，每月卻能夠從政府委託的銀行領取類似養老金的津貼，直到終老。老人百年之後，其房產歸臺灣處置。

　　從2014年起，大陸也在多個城市試行以房養老制度。臺灣版的以房養老，儘管試行面很小，成效有待觀察，可畢竟為養老新開了一扇門，也帶給大陸一些新的思考。

從養兒防老到以房養老

　　中國傳統社會，「不孝有三，無後為大」，指的是一個孝子，一定要生下兒子，為家族傳宗接代。我們的祖先生兒子，除了盡孝道之外，還有一個重要功能就是養兒防老。

　　在現代社會，養兒防老漸漸被儲蓄養老所替代。就大陸而言，實行計劃生育幾十年，少子化日漸成為趨勢，養兒對許多人來說成為「不可能完成的任務」。就臺灣來說，雖然沒有計劃生育，但越來越多的人不願結婚、不願生育，21世紀以來平均生育率還不到1.3（指每對夫妻平均生不到1.3個孩子），養兒對許多人來說，同樣也成為「不可能完成的任務」。

　　隨著社會進步，全球範圍的養老退休制度逐漸完善，人們在工作中拿出一部分錢存到養老帳戶，等到退休後逐月取出，這是社會化、制度化的儲蓄養老，有別於隨意性強的個體化的儲蓄養老，更具社會保障性、規範性。

以房養老是社會儲蓄養老的一種補充。在臺灣，有一部分老人因為有房產，被排除在社會救助之外；可是他們平時又無任何經濟來源，沒有養老退休金可領，沒有困難補助，生活十分貧困。以房養老，相當於把房產轉化成現金流，支付他們每月的養老金。

據瞭解，臺灣收入較低的城裡老人，每月可領到數千元（新臺幣，下同）不等的敬老津貼，農村老人則每月均可領到 7000 元老農津貼，不過這兩項津貼均設置了「排富條款」——家庭財產（包括土地、房屋等）超過 500 萬元，或者個人年收入超過 50 萬元者，不得領取。這樣一來，便苦了有房子沒收入的孤寡老人。以房養老，算是對「排富條款」不完善之處的一個彌補、修正。

從以房養老到以地養老

以房養老為我們開啟了一個新思路，就是把不動產變成了動產，再把這筆動產「化整為零」，把一次性領取的金額分解成長期按月領取，這跟社會養老保障思路基本吻合——不是一次性把錢發給老人，而是按月支付，保障了老人長期生活所需，不至於老人一下子把錢花完後生活沒有著落。

不動產變動產，而不動產除了房子之外，還有土地（臺灣大多土地歸私人所有）、廠房等，既然有房產開了先河，那麼將來為何不能把其他不動產也納入養老範疇？

特別是以地養老，在臺灣更是值得嘗試的辦法。國民黨退臺之後，在臺灣搞起了轟轟烈烈的土地改革，臺灣農民「耕者有其田」，農民擁有土地所有權，這是一筆巨大的可流轉的資產。雖然目前臺灣老農每月都可領到 7000 元，但這也招來了社會其他階層的反彈聲浪，並導致很多人假冒農民領津貼。將來老農津貼萬一遭到刪減，屆時孤寡老農生活如何自理？以地養老不失為一個法子。

以地養老的操作思路同樣可借鑑以房養老，申請人把自家地拿到政府委託的銀行（現為土地銀行）估值，再根據申請人的性別、年齡等因素，精算出每月可折現的金額，以養老退休金的方式支付。

從公益模式到商品模式

以房養老在美國、日本、英國、新加坡以及香港等地均有嘗試，但多為商品模式運作，參與者大多為收入中等的中產階級。以美國為例，這項工作完全交由銀行承做，房子純屬商品，由銀行估價並發放津貼。參與者前半輩子辛辛苦苦當房奴，晚年生活便可拿房產換領養老金，也算是對前半生房奴的一種補償。他們終於可以不用為房子掙錢了，而可以讓房子為自己掙錢了！

臺灣目前施行的以房養老，採取公益模式，社會救助的意味濃厚。老人向「內政部社會司」提出申請之後，由「社會司」委託公營的土地銀行進行精確估價，這過程中土地銀行只負責事務性的辦理，不承擔房價波動而引來的津貼發放風險。

臺灣的銀行界普遍認為，考慮到房價行情起伏大，老人長壽趨勢明顯，所以承辦以房養老的風險較大，不願接手這個「燙手山芋」，最後便由「內政部」來承接。臺灣負最後責任，不管參加者活得多長，政府都要照顧直到終老。

老人每月可領金額，由「內政部」按老人性別、年齡及其不動產估價精算核定。由於女性平均壽命較長，因此相同年齡申請人及相同價值之不動產，男性領取金額會比女性高。例如同為70歲長者，不動產估價皆為1000萬元，精算結果是男長者月領34800元，女長者只能月領30300元。

臺灣的以房養老適用於無子女、有房子的老人，條件是房子沒有拿去銀行抵押，老人沒有法定義務贍養人。島內就此有觀點指出，如果老人有子女，但是子女不願盡贍養義務，這類老人是否也該適用這項新政？或者說，子女已經有房子，老人房子無須傳承給後代，為什麼這類老人不能適用以房養老呢？

據統計至2012年底，全臺老年人口260多萬人，占總人口11%，其中有十幾萬戶獨居老人，而5年只試行100戶以房養老的公益模式，適用範圍小，社會功效小，在老齡化逐年加劇的臺灣社會，商品化以房養老似乎更值得嘗試。

第五部分 FIVE PART 民生觸動

第三十四章　臺灣「少子化」社會如何煉成？

在經濟壓力之下，在強調「自我」之下，臺灣出生人口急劇萎縮，今天的「少子化」，意味著將來的「老齡化」，臺灣社會正面臨活力衰竭的嚴峻挑戰！

根據美國人口研究機構「人口資料局（PRB）」發布的「2011年世界人口估計要覽表」，2011年全球平均生育率2.5人，其中高度發展區域國家和地區平均1.7人，最低度發展區域平均4.5人。

橫向看，2011年全球生育率最高為尼日利亞的7.0人，最低的是臺灣的0.9人，就是說臺灣平均每個婦女生育小孩不到1個，只有0.9個。縱向看，1976年臺灣出生人數達42萬5千人，2000年30萬，2010年降至16萬多人。

「少子化」已成為臺灣近年來的嚴重問題，甚至被馬英九視為「國安」問題。「少子化」反映了臺灣怎樣的社會現實？

▌養育孩子的一本支出帳

家住臺中市的吳先生，在一家運動器材公司做管理人員，平時夫妻工作繁忙，無暇照顧孩子，就在週一到週五晚上送兩個讀初中的小孩上補習班，一來解決孩子照顧問題，二來讓老師督促孩子完成作業、補習功課。

吳先生每月支付兩個小孩補習費合計3萬元（新臺幣，下同），一年共36萬元，孩子念的都是私立學校，每人每學期要交5萬多元學費，兩人一年學費大約22萬元。合計學費和補習費，一年計五六十萬元，相當於吳先生夫妻中一人的薪水，家裡其他開支全靠另一人薪水。吳先生為此很慶幸住在臺中，房價便宜，要不然真養不起小孩了。

同樣住在臺中的媒體人林先生介紹，普通人家的小孩從生下來到大學畢業，如果都念公立學校，也要花銷500萬元左右，如果讀高學費的私立學校，這筆帳就不容易算清楚了。

在一家公司擔任職員的臺北市民簡肇成，養小孩就遠沒吳先生輕鬆了，經常感慨「養小孩不易」。他孩子讀幼兒園時，每月要交 1.5 萬，上小學後學費免了，但每個月要交給安親班（相當於大陸的午托班）1 萬元，小孩每學一門才藝要交 5000 元，補習班收費每門也要三五千元。

簡肇成稱，許多上班族經常從早晨 9 點上班到晚上 9 點，沒時間輔導小孩功課，所以讓孩子讀補習班的非常普遍，帶來很大的經濟負擔。他說，像他一樣 40 歲上下的人，多數還有一個小孩，而許多更年輕的人，在近年房價節節升高的狀況下，都沒敢生小孩，或者沒敢結婚。

年輕人養家餬口很艱難

臺北市民程明德認為，臺灣人不生孩子，有年輕人家庭觀念淡薄、個人主義興盛的原因，也有治安、教育環境不理想等原因，但最重要的還是經濟因素，養育小孩的成本越來越高，而上班族薪資基本上是原地踏步。

程明德說，年輕人學歷越來越高，基本上都是大學生，意味著他們就業前的投入大幅增加，然而畢業後工作不好找，或者上班薪資「凍漲」，收入並沒有隨投入增加而增加。特別是臺灣企業長期以來延續代工模式，利潤很微薄，於是極力壓縮成本，要企業主提高工資並非易事。

據臺灣主計處統計，臺灣的大學畢業生起薪通常 2 萬元出頭，扣除物價因素，比 20 世紀末的水平還低。普通上班族平均月薪四五萬元，扣除物價因素後的實質薪資，也與 20 世紀末不相上下，臺灣民眾薪資「失落」了十幾年。

一般個體戶的收入同樣不見漲。開了幾十年計程車的李德臺回憶說，在 1970、80 年代，一天隨便跑車下來能賺三四千元，如今基本上只能賺 2000 多元，錢變小了，卻更難賺了。他算了一筆帳，一個月收入五六萬元，扣除 2 萬多元油錢，純收入 3 萬多元，年輕人靠這個職業要養家餬口，是很困難的事。

李德臺很羨慕靠大陸觀光客發了財的商家，例如日月潭邊賣茶葉蛋的阿婆、賣「小金磚」鳳梨酥的廠商，他希望能來更多自由行的陸客，讓計程車司機的日子好轉起來。

中央、縣市政府發錢鼓勵

　　為了鼓勵民眾多生孩子，臺灣中央和各縣市政府採取最直接的發放生育津貼辦法。2012年1月1日起，臺灣針對年收入113萬元以下，父母有一方在家照顧2歲以下嬰幼兒的家庭，每月補助孩子2500—5000元不等，這項生育津貼發放到小孩滿2歲。政府對於單親家庭、隔代教養等狀況的家庭，每年還發放17880元的「特殊境遇」津貼，直到小孩長到18歲。

　　臺灣各縣市政府則紛紛發放一次性的生育津貼，例如臺北、金門、馬祖的生育津貼均達到2萬元，其中馬祖對於第二、三胎的津貼，分別為5萬、8萬元，金門對於多胞胎的津貼，則每胞胎一律補貼4萬元。另外，臺北市給予5歲以下孩童每月2500元育兒津貼。

　　臺中市政府除了一次性補助每胎新生兒1萬元之外，對有2歲以下嬰幼兒的雙薪家庭，只要透過社區保姆系統托嬰者，可申請每人每月3000元或5000元的托育補助，5歲以上就讀公立幼稚園可免費，就讀私立幼托園所的1年補助3萬元。

　　在一系列「催生」政策刺激下，近兩年臺出生率有所回升，特別是2012年恰逢龍年，這年臺灣新出生人口達到23萬多人。

鼓勵生育需取消「歧視」

　　臺灣勵馨基金會執行長紀惠容稱，有半數縣市政府在發放生育津貼時，設立了歧視條款，例如彰化縣規定母親要年滿16歲，屏東縣規定要18歲，澎湖縣要20歲，屏東縣一些鄉鎮規定「因危害善良風俗而受孕者」不得申請。

　　紀惠容說，以媽媽的婚姻、年齡、籍別而對她們採取不同待遇，勢必阻礙她們的生育意願。臺主計處統計，2010年臺灣16.6萬多名新生兒中，未婚生子的有7500多人，其中未成年生子的有2800多人。

19歲的新北女孩小花（化名），已是２歲小孩的媽媽，「小爸爸」落跑，丟下她這個「小媽媽」單獨撫養小孩。小花只申請到「特境」津貼，而沒申請到當地的生育津貼，因為她是非婚生子，「危害了善良風俗」。她每月薪水大約２萬元，上幼兒園的孩子每月要交將近１萬元，花掉她一半的工資。

　　小花每天下班後就回家照顧小孩，她跟以前的同學基本沒了來往，她最大的夢想就是等到孩子讀四年級時，自己能夠再回到學校補課上大學，延續未了的「大學夢」。

　　像小花一樣的「小媽媽」，因為孩子的出生，不得不放棄學業，承擔起撫養孩子重任，在低學歷的影響下，只能從事低薪資的臨時工來養家，沒有穩定的住所，無力請保姆照顧小孩，由此落入貧窮循環，難以翻身，她們更需要生育津貼和職業輔導。

▎「少子化」凸顯「自我」觀念

　　一個臺北市民說，如果生一個小孩，每月可以領到３萬元補貼，比養一個小孩的費用還多，多生小孩多賺錢，大家肯定會拚命生小孩。

　　這畢竟只是美好的設想，飄在雲端之上。在現實的地面上，臺灣生一個小孩可領到的補貼，對於巨額撫養教育費來說只是杯水車薪。

　　因此，要讓老百姓多生孩子，只能讓他們增加收入，減少孩子培養成本。想當年臺灣經濟騰飛時，人們「錢淹腳目」，哪會有「少子化」這檔事！

　　不過也要看到，「少子化」還有人們思想觀念的因素，現代人越來越「自我」，注重自己的生活品質，而不願把過多精力花在照顧小孩上面，所以越發達的地區生育率往往越低，落後地區反而多生孩子，這是社會現代化帶來的結果。

　　也有人看到孩子生長、教育的整個環境糟糕，擔心孩子生下來後不能獲得好的成長條件，甚至走入歧途，於是不敢生孩子。他們認為，如今社會上拜金主義盛行，笑貧不笑娼，吸毒賭博嚴重，孩子長大後如果只知賺錢，或者違法犯罪，倒不如不生。

因此，要從經濟到觀念上，到整個社會環境上，去思考解決「少子化」的辦法，這是非常龐雜而長期的工程，絕非一時一事之議，也非一朝一夕之功。

第五部分 FIVE PART 民生觸動

第三十五章　臺北為何高房價、低租金？

臺北的高房價與低租金形成了鮮明對照，兩者差距越來越大，把房產投資者推向高度風險區。房市泡沫將何時破滅？「居住正義」路在何方？

2013年11月下旬，臺灣《今周刊》社長梁永煌在臺北表示，30年前他第一份工作在台塑集團，當時以他的工資在臺北木柵買一坪（相當於3.3平方公尺）房子，大約花2個半月工資，而今同樣一個大學畢業生到他原單位上班，要買木柵一坪的房子，得花15個月的工資。

這樣算來，對一個工薪階層而言，買房負擔是30年前的6倍。《今周刊》在2013年底發布了《臺灣青年購屋調查》，並援引全球房地產指南的報告稱，臺北市房貸負擔率達到64%，在全球名列第四，僅次於北京、上海、深圳。

▎僅6% 年輕人能靠自己買房

房貸負擔率，指的是中等收入者購買中等價位房子，每月房貸占據月收入的比例。臺灣德明財經科技大學副教授花敬群指出，房貸支出通常不得超過月收入的三成，臺北竟然達到64%，高出了一倍以上，買房壓力當然很大！

《今周刊》副總主筆方德琳很有感觸地說，買房、結婚、生小孩，原來是順理成章的事情，現在臺灣年輕人只能有所取捨了。根據《今周刊》調查，全臺灣20—39歲人群中，只有6.4%的人靠自己買房，高房價影響到他們的結婚、生子意願，臺北市有近66%的年輕人因此考慮不生或少生小孩。

淡江大學副教授莊孟翰說，人們常說「五子登科」，即銀子、車子、房子、妻子、孩子，如今臺灣的大學生月薪領22K（2.2萬元新臺幣），年輕人失業率更是長期高達12%以上，銀子沒了就沒錢買房子，沒了房子就不敢要妻子孩子，基本上什麼「子」都沒了。

▌半世紀買精華區一套房

目前臺灣房價究竟是什麼行情？莊孟翰介紹，臺北預售屋（相當於大陸的一手房）每坪均價，從 2002 年 36.7 萬元新臺幣（下同）漲至 2013 年第三季的 86.3 萬元，新北市同期也從 16.7 萬漲到了近 40 萬元，「雙北」成為全臺灣房價上漲的火車頭。其他幾個主要城市桃園、臺中、高雄、臺南等，預售屋均價基本為二十幾萬。

莊孟翰表示，臺北市普通雙職工要想買臺北精華區的一套 33 坪房子，即使他們不吃不喝，也要熬上半個世紀，2012 年臺北大安區調查數據為 53 年，信義區也大致相當。

就中古屋（屋齡 3 年以上的房子）而言，據全球房地產指南的調查報告，臺北每坪均價將近 70 萬元，居全球第 18 位，在亞洲落後於香港、新加坡、東京，價格似乎不算非常離譜。

但莊孟翰說，臺北房價的絕對值不算太高，不過臺北房價租金比高達 64 倍，居全球第一，與之相對應的是房屋毛租金收益率僅 1.57%，在全球 94 個主要城市當中墊底。

▌熱錢推房價，低薪阻房租

房價租金比，指的是（120 平方公尺 × 單價）÷ 年租金；毛租金收益率，指的是年租金 ÷（120 平方公尺 × 單價）。實際上，這兩個概念指向同一意思。

莊孟翰解讀，臺北房價漲得飛快，外部因素是 2008 年全球金融海嘯之後美國採取三次量化寬鬆措施，致使國際熱錢泛濫，同時兩岸關係快速改善，帶來外來需求的預期心理；內部因素是臺灣進入了有史來最長的低利率時期，2003 年房貸年利率降至 2.5%，2009 年降至 2% 以下，同時臺灣近年大幅調降土地增值稅和遺產贈與稅，大大增加了資金供給，降低了交易成本。

然而在租金成長方面，臺灣工薪階層實質收入停留在 20 世紀末的水平，因為民眾收入增長緩慢，所以房租增幅也很緩慢。如此一來，房價與租金的

差距越來越大，乃至租金報酬率跌至了全球最低的 1.57%，而通常低於 3% 表示已進入投資風險區。

2015 年臺灣房市泡沫化？

據臺央行統計，至 2013 年 9 月，臺灣房地產授信貸款餘額 7.3 萬億元，占銀行信貸總額的 52%，早已超越用來衡量房地產泡沫與否的 40% 警戒線。央行為此向島內銀行業發出警訊，一旦市場景氣反轉，勢必嚴重衝擊房市，對房地產放款比例過高不可掉以輕心。

臺灣經濟研究院指出，2015 年臺灣房市可能泡沫化。如何抑制不斷上漲的房價，提早擠破房價泡沫？根據 2013 年底《今周刊》公布的調查數據，六成受訪者贊成徵收奢侈稅（取得房產兩年內交易者需課稅），56% 支持要實價課稅（目前按公告價課稅），八成贊成對海外人士要課徵資本利得稅，47% 民眾認為不應該開放大陸人士赴臺買房。

臺灣立法委員黃偉哲稱，臺灣應該改革房地產稅費制度，增加持有成本，開徵房屋空置稅、資本利得稅等，真正落實「居住正義」，讓大多數年輕人買得起自住房子。

第五部分 FIVE PART 民生觸動

第三十六章　從奢侈稅看臺灣「打房」得失

在大陸，「打房」是大家熟悉得不能再熟悉的詞語，可是十幾年來房價越打越高。在臺灣也偶有「打房」一說，當政者同樣不敢把房價往死裡打，他們近年最有力度的「打房」舉措，當數推出奢侈稅了。

臺商楊先生在廈門炒房多年，最近的「得意之作」位於廈門「世貿湖濱首府」，2011 年以單價 2.5 萬元人民幣買下一套 150 多平方公尺的房子，2013 年初每平方公尺漲到 3.8 萬元，帳面賺了大約 200 萬元。

這只是他諸多「作品」中的一件，不過這件「作品」如今碰到了一點麻煩，大陸在這年初頒布了「國五條」打房新政，一項重要內容是對二手房交易的增值部分要徵收 20% 的個人所得稅。

楊先生說，他沒打算承擔這 20% 的稅負，而要轉嫁給客戶，一時間客戶也不想負擔這筆支出，交易便暫停了。還好，大陸幾乎沒哪個地方認真執行「徵收 20% 個稅條款」，楊先生的麻煩只是短暫的。

問及他想不想回臺灣炒房？楊先生堅決表示「不會」，因為大陸商機大，臺北房價也是貴得讓人不敢去摸了，再說，臺灣還有奢侈稅呢。

▍奢侈稅功效有多大？

到 2013 年 6 月，臺灣實施奢侈稅滿 2 年，該稅的全稱是「特種貨物及勞務稅」，主要目的是打擊炒房，實為炒房稅，臺灣擔心對房地產造成太大衝擊，改稱奢侈稅，除了針對房地產，也針對高價消費的汽車、珠寶、高爾夫球證等。

奢侈稅規定，對於非自用的房屋及土地，1 至 2 年間轉讓者按照銷售實價課稅 10%，1 年內轉讓者按實價課稅 15%，以此打擊短期炒房。從 2011 年 6 月至 2012 年底，奢侈稅收入 65 億元（新臺幣，下同），遠低於原先臺灣估算的一年 150 億元。

從這點看來，奢侈稅功效似乎不甚理想。不過臺灣政治大學經濟系特聘教授林祖嘉撰文稱，奢侈稅主要目的不是要增加稅收，而是打擊炒房，稅收遠低於預期，正好說明房地產短期交易量在下降，奢侈稅發揮了功效。

林祖嘉介紹，2012年臺北市的土地增值稅同比減少近6%，與交易量直接相關的契稅減少近14%，印證了房地產交易量因奢侈稅而減少。

臺灣淡江大學產業經濟系副教授莊孟翰表示，奢侈稅造成了一些效果，不過效果很短暫。奢侈稅實施之初，房價有過一陣下探，可是很快又上來了，呈V字形走勢；2012年8月房地產實價登錄製度實施，也造成了房市V字形走勢，兩者共同組成了近兩年房市的W形走勢。

資金泛濫，拉高房價

從實施奢侈稅近兩年來，房地產交易量雖有短暫回落，但房價走高趨勢未改。以臺北房價為例，一手房均價從2003年至2012年翻了一倍，大約是前5年從每坪（1坪=3.3平方公尺）近40萬漲到60萬，後5年從60萬漲到近80萬。莊孟翰表示，臺北二手房均價約為一手房的七成，也在同步上漲。

這種現象說明房子主人開始惜售。正如廈門臺商楊先生所想，不願承擔新增的稅負，寧肯把房子養著，這樣就造成了交易量減少、價格卻還沒降的結果。等到需求再度旺盛之時，房子主人再伺機漲價出售。

如今，流動在臺灣房地產市場的資金泛濫。近年全球普遍量化寬鬆，歐美經濟不景氣，那兒的錢往亞洲新興經濟體流動，包括不少海外臺資回流。隨著兩岸關係改善，大陸臺資回流也逐年增多，這些資金卻在島內沒有太多投資管道。2013年臺灣證所稅上路，該稅設置了8500點「天花板」，8500點以上開徵證所稅，熱錢不敢大量湧入股市，怕成為「擊鼓傳花」的最後一棒。於是，房市成為泛濫資金的目標。2013年6月，臺灣緊急修法，取消了證所稅的8500點「天花板」。

莊孟翰以為，臺灣社會兩極分化在加劇，有錢的更有錢，沒錢的更窮，M形特徵越發顯著。這種M形社會遇上奢侈稅、房地產實價登錄造成的房市

W形走勢，總體造成了房地產市場波浪形上升的態勢。因此，奢侈稅的作用短暫而有限。

提高養房養地成本

奢侈稅打擊的是買地買房兩年內轉讓者，有錢人會等到兩年後再出售，所以提高養房養地成本，徵收房產稅，才能更有效打擊炒房。

莊孟翰介紹，臺灣房地產的持有成本分成兩部分，一是地價稅（自用地的稅率2‰、營業用地的稅率10‰），二是房屋稅（自用房的稅率1%—2%、營業用的稅率3%—5%），它們均以公告現值（類似大陸的政府指導價）為稅基，而公告現值往往只有市價的兩三成。

據瞭解，國外許多大城市對不動產課徵的財產稅約為市價的1%，美國為1.14%，如果買一棟2億元的豪宅，每年得交200萬元房產稅。莊孟翰稱，實際上臺灣的房屋稅加上地價稅，為美國房產稅的1/3到1/10之間。

臺灣實行房地產實價登錄，就是作為以後課徵房產稅的鋪墊。目前，實價登錄只對消費者造成提醒作用，幫他們瞭解各個地段的真實房價，沒有作為課稅的依據。

林祖嘉建議，日後實施房產稅應該針對非自住的房子，自住房仍按目前稅率交地價稅和房屋稅即可。否則，假如你在臺北有一套35坪的房子，10年前值1000萬，現在漲到3000萬了，按1%的稅率交房產稅，每年交稅額也就從10萬漲到30萬，對自住者來說是不小的負擔。對於非自住房，則課以高昂的房產稅，增加養房養地成本，才能有力打擊房地產投資投機行為。

資本利得稅爭議

圍繞二手房交易主要有幾個稅種：持有環節的叫房產稅，屬於財產稅範疇；交易環節的屬於交易稅，比如奢侈稅；賣房盈利部分的屬於資本利得稅，例如大陸出臺的房產增值部分課20%個稅。

要想有效打擊炒房，最佳狀態是三稅並舉，增加持有成本、交易成本，再從你賺的錢中摳點錢出來，以此降低炒房誘因。

臺灣在房產稅部分，雖然實施了房地產實價登錄，但何時實施房產稅還是沒影的事兒。交易稅部分，兩年內轉讓非自用住宅者，要按交易實價課徵奢侈稅。資本利得稅部分，按地價公告現值的 20%—40% 徵收土地增值稅，賣房屋賺的錢則按公告現值併入個人所得稅（臺灣叫綜合所得稅）。因為公告現值遠低於市價，或許你炒房賺了 200 萬元，只需以三四十萬來申報個人所得稅。當前臺灣個人所得稅起徵點為年收入 50 萬元，近四成臺灣人無需交個稅，約四成民眾交 5% 的個稅。

但是對於如何界定資本得利，兩岸爭議都較多。廈門市民蘇小姐說，不能光看房價幾年漲了多少，也要看到投入了多少裝修成本、貸款成本，這部分如何計算？「投資就是這樣，風險越大，收益越高，而政府課稅 20% 卻是穩賺不賠的事！」

第三十七章　臺灣電價市場化之困

負責向全臺用戶供電的台灣電力公司，已虧損了資本額的一大半，台電一直推動要提高電價，老百姓卻不買這個帳。電價究竟高了還是低了，在壟斷企業經營的背景下，這是一道永遠沒有答案的難題。

臺灣電價改革繼 2012 年 6 月調漲之後，從 2013 年 10 月起，實行第二階段調漲，規劃每個月住宅用電 500 度以下、小商家 1500 度以下不調漲，約八成的住宅用戶與商家電價不用漲。

臺灣從 2012 年起實施電價三階段調漲改革，第三階段則要看台電（台灣電力公司）改善經營績效狀況而定。三階段全部調漲之後，台電價將實施浮動的市場調節機制，與目前島內的汽柴油價格一樣隨市浮動，徹底解決困擾多年的油電價動輒「凍漲」的難題。

只是，第三階段何時實施，沒有時間表；台電自身改革何時才算完成，也沒有標準答案。臺灣電價市場化之路，仍然「路漫漫其修遠」。

▎台電巨虧，電價難漲

負責向全臺用戶供電的台電屬於壟斷企業，不過它沒賺到壟斷利潤，卻已虧了其資本額的一大半。台電 2007 年虧 231 億元（新臺幣，下同），2008 年虧 1013 億元，2009 年虧 15 億元，2010 年虧 187 億元，2011 年虧 433 億，2012 年虧 621 億元。到 2013 年上半年，台電累計虧損 2278 億元。

據稱，台電實收資本額為 3300 億元，現已虧損其 2/3 以上。台電估算，如果第二階段電價不漲，台電兩年內將破產垮掉；即便按第二階段調漲方案，電價仍低於發電成本，2013 年還要虧 441 億元，2014 年預計虧 350 億元，破產也是近在咫尺的事。

臺灣公營企業原來有兩大虧損大戶——台電、中油，中油於 2008 年形成了每週隨國際原油價浮動成品油價格的市場機制。2008 年馬英九執政以來，解除了陳水扁當政時期的電價「凍漲」做法，在 2008 年分兩次調漲了

電價。不過從 2009 年到 2012 年 5 月,政府考慮到選舉因素,電價未再作調整。台電公司建議按月浮動電價的思路,一直未能如願。

臺灣政治大學經濟系特聘教授林祖嘉表示,與汽柴油價相比,電價更直接關係到普通民眾的切身利益,電是必需品,需求彈性很小,因此電價調漲造成的影響比油價調漲更明顯,阻力也會更大。

中國社科院臺研所王建民研究員稱,臺灣工資十多年不漲,加上反對黨操縱下的民粹主義盛行,物價稍微有些波動就容易引發民怨,這也是電價漲不動的重要原因。

家庭用電補貼工業用電

臺灣電價改革路難行,另一重要原因是家庭電價高於工業電價,工業用電是用電大頭,卻享受最便宜價格,最大程度造成了台電巨虧,到頭來卻要老百姓為此買單,因此激發了民怨。

臺灣商業電價高於家庭電價,家庭電價又高於工業電價。針對這種不合理狀況,臺灣監察院 2013 年 6 月份透過多名監委提交的一份報告,表示「民間補貼工業用電不合理」,要求臺灣經濟部及台電公司進行檢討。

據這份報告,臺工業用電戶數 21 萬戶,僅占全臺用電總戶數 10%,但每年用電量近 1400 億度,占全臺總用電 80%。以 2012 年度為例,台電虧損 621 億元,其中工業用電虧損 385 億元,虧損「貢獻率」達到六成。

報告稱,台電工業用電從 2004 年開始虧損,當年虧損 24 億元,2012 年度增加到 385 億元。臺灣為了顧及產業競爭力,工業電價一直遵循「亞鄰最低價」的原則。監察委員表示,這是「拔瘦鵝的毛,去補貼肥鵝」,家庭用電是日常生活所需,工業用電則是為了營利,拿民生用電補貼營利用電,不符公平正義。

▎台電民營化，或為突破口

王建民指出，調漲電價對臺灣民眾造成了生活壓力，他們習慣了享受超低電價，特別在經濟不景氣時要讓他們多掏腰包，他們情感上不易接受；然而從長期來看，根據市場行情，用制度化辦法調整電價的方向是必要的。

台電公司向政府提出一個電價調整方案，即在 2013 年 10 月 1 日第 2 階段調整電價後，往後每年 10 月依照電價計算公式調整 1 次，如果調整金額在 0.1 元以下者，台電可以自行公布調整，不必送經濟部審查。但是該方案未被經濟部同意。

台電稱，台電向各發電廠買電，實行的是市場價；而向各用電對象售電，實行的是管制價。這種情形下，台電巨虧是因為售價低了，還是因為企業經營不善，很難釐清。台電為此建議成立「電價費率審議委員會」，代替現在經濟部下設的電價審議小組來定價，便於電價回歸市場機制。

臺灣中華經濟研究院顧問葉萬安表示，臺灣電價難題的癥結在於缺乏自由競爭，解決之道終將要回歸市場機制，只有打破壟斷行為，引入市場競爭，才能形成按月隨市場行情漲跌的定價機制。據悉，臺灣經濟部下設的台電經營改善小組，也把台電民營化列為一個選項，但怎麼民營化至今沒有達成共識。

第五部分 FIVE PART 民生觸動

第三十八章　臺灣計程車「牌隨人走」可供借鑑

　　搭計程車難，成為大陸諸多城市的普遍難題，根源在於車牌被嚴格管制，成為稀缺資源。而臺灣，司機幾乎可以免費取得計程車牌，所以沒有搭計程車難問題，然而卻也造成了空車滿街跑現象。政府「有形之手」的鬆與緊，真該好好拿捏！

　　在臺灣「打的」（搭計程車）非常方便，即使在人流量最密集的臺北市，上下班高峰期攔計程車，通常幾分鐘就可等到車，加上司機待人熱情，一般不會欺生繞路，所以在臺灣搭計程車是不錯的體驗。但是司機們的體驗，卻不像乘客這般輕鬆愉快。街上過多的空車，導致他們拉客趟數減少，收入減少。

　　兩種角色體驗的反差，反映了臺灣計程車行業運營的實際狀況。在經歷了放任市場調節之後，島內業界正在呼籲公權力伸出「有形之手」，對計程車行業進行總量管制。這不禁令我們好奇：這個市場怎麼會歡迎曾深惡痛絕的那雙「有形之手」？

▌從車行、合作社到個人車牌
　　取得門檻降低，車牌泛濫

　　臺北計程車司機劉先生介紹，1970年代，臺灣計程車由小汽車取代了三輪車。車行（汽車銷售公司）從主管部門取得計程車牌配額，司機向車行購買或租賃計程車，除了交給車行10萬元（新臺幣，下同）牌照使用費之外，每個月還要交給車行將近2000元管理費。

　　隨著人口和道路數量的增加，計程車牌配額制日益不能適應市場需求。臺灣道路協會稱，牌照短缺帶來了很多勞資糾紛，司機覺得被車行嚴重剝削，紛紛要求開放個人申請車牌。20世紀末，臺灣開放計程車合作社，司機可把

車牌掛靠在合作社下面，不必交 10 萬元牌照使用費，每月上繳的管理費也降到了幾百元。

同時，駕駛計程車六年、基本無違章記錄者，車牌無需掛靠車行或合作社下面，可擁有個人車牌，每月管理費也免了。要申領個人牌照的話，先考駕駛證，再通過計程車執業登記考試，即可領到牌照，除了一點工本費外，牌照完全免費。車牌的容易取得，提高了民眾開計程車的積極性，1998 年臺灣計程車數量達到最高峰，總計 11 萬多輛。

此後在「少子化」的影響下，臺灣人口增長緩慢，以及都會區捷運（大陸稱「地鐵」）系統的四通八達，計程車市場開始萎縮。臺北市公共運輸發展協會表示，多年來關於要不要管制車牌，有過多次爭論，但每次結果都是不斷地解除管制，主管部門干預機制幾乎沒有，任憑市場自行調節。

空車率高，收入節節下降
實際上路車輛逐年遞減

由於乘客人數減少，臺灣實際營運的計程車正逐年減少。據臺灣交通部統計，從 1998 年到 2010 年，實際營運的計程車數量年均減少 2000 多輛，2010 年降到 8.7 萬輛。市場調節的結果，表明這個行業已無力支撐起原有的就業人群。

這 8.7 萬輛計程車中，北北基（臺北市、新北市、基隆市）占 60%，約 5 萬輛，其中臺北市約 3 萬輛。2011 年臺北司機翁世忠說，他每次等紅燈時，基本上都有七八輛計程車同時在等這個紅燈。臺北市人口不到 300 萬，還沒廈門市人口多，計程車數量卻是廈門的好幾倍。

臺灣交通部稱，國際上合理的計程車空車率在 30% 至 35% 之間，臺灣空車率卻達到百分之六七十，每年因空車行駛帶來的油耗損失達到六七十億元，還不包括治理空氣汙染帶來的社會成本。

空車率太高，造成司機收入下降。臺灣交通部 2010 年底做了一份調查，發現臺灣計程車司機平均每月收入 3.7 萬元，扣除油錢等成本後淨賺 1.9 萬元；

其中臺北市司機收入最高，平均每月收入4.2萬元，扣除成本後淨賺2.2萬元。越往南部，司機收入越低。

開了幾十年計程車的臺北司機李德台說，1970、80年代，他一天收入三四千元，現只有2000元左右，一個月淨賺3萬多元，如果年輕人在臺北靠這點收入，是很難維持家庭開銷的。

因為收入減少，司機們上班時間延長，臺灣計程車司機平均每月休息3天，上班時間平均每天工作大約10個小時。以平均時薪計算，他們的收入相當於大學畢業生的起薪，不到臺灣上班族水平的一半。

老年人多，失業者多
計程車行業成為失業避風港

臺灣道路協會一名常務理事表示，司機增加收入的途徑，既可以提高車資，也可提高准入門檻，減少人員進入。他介紹，在臺灣坐計程車比香港更貴，提高車資不太可行，司機沒賺到什麼錢，但乘客付出了很高費用。臺灣立法委員丁守中介紹，每逢週日，他就排滿了跑基層行程，經常一天跑下來，計程車費高達2000多元。

臺灣計程車費因地而異，臺北1.2公里起跳價70元或75元，越往南部起跳價越高，達到80、85元，一些地方甚至達到100元。起跳價之後，臺北市每250公尺跳5元，南部一些縣市每200公尺跳5元。除了按公里計費，還有按時間計費，車輛停駛時間每累計100秒鐘跳5元，有時候你剛上車沒走幾公尺，因為堵車了，價格就開始往上跳。

臺灣計程車行業還有一大特色，就是中老年司機很多，少有年輕人。臺灣中央警察大學教授周文生說，計程車行業已經成了失業避風港，許多臺灣人無業可就時，就選擇了開計程車。這個行業的資金、技術門檻低，只需透過兩項考試就能營運，不用求人，許多在職場喪失年齡優勢的中年人或者退休人員，選擇了這個行業。

臺北市公共運輸發展協會介紹，倫敦計程車司機平均要33個月才能取得執照，司機的准入門檻很高，這就能保障司機收入，倫敦計程車司機年收入換算成新臺幣有300萬元，約是臺灣的10倍。

▎限發牌照，實行牌照有價
　憑什麼叫一些人讓出車牌？

除了提高司機准入門檻，業者也希望提高牌照獲得門檻。2011年9月，丁守中牽頭召開了一次計程車總量管制公聽會，現場業界、學界、政界幾乎一致贊成減發牌照，強調當務之急是要賦予主管機關更大權力，對計程車市場進行干預。

臺灣大學教授張學孔說，臺灣計程車數量雖然逐年在減少，但這包含了太多悲慘的故事，市場調節的減速太緩慢，需要公權力介入，盡快把空車率降到合理空間。他說，計程車是公共運輸系統，無法用自由經濟手段達到優勝劣汰目標，乘客沒法貨比三家，上車後才知道能否得到優質服務，服務差的司機不會在幾個月後因攬不到客人而失業。

有業者建議實行「牌照有價」，由政府牽頭成立計程車發展基金，由基金按一定金額（比如20萬元）統一回收牌照，再發給需要駕駛的司機，每年向他們收取特許營業費，類似司機分期付款購買牌照。不想繼續開計程車的司機，獲得了回收牌照的收入。

也有業者建議不必統一回收牌照，回收那些不想營運的計程車司機的牌照即可，每張給予一定補貼，估計要回收6萬張牌照（有3萬張是閒置牌照），相當於減少3萬輛計程車，全臺計程車減少到5萬多輛，才算合理數量。

不過，計程車司機中老年人偏多，轉移出去再就業的難度很大，所以由限發車牌而引發減員問題，風險不小。新北市司機朱良基說，大家經過多少努力，才擺脫政府管制，今後是不是再走回頭路？再說，如果一年減少幾百張車牌，靠市場調節就可以了，而要一下子大幅減少，標準在哪？憑什麼讓一些人開、讓另一些人不開？

車牌不被一人永遠占有
「牌隨人走」值得大陸借鑑

　　為了短期內把營運車輛壓縮到合理空間，島內限發牌照呼聲高漲，呼籲政府部門管制。然而，政府管制向來是很難拿捏的一件事。在大陸許多城市，由於計程車牌嚴格管制，一張牌照的黑市價屢屢炒到百萬元人民幣以上，車主憑著一張車牌，就可整天蹺腳卻吃香喝辣，司機日夜累得要死，一個月賺的錢遠沒有車主收入多。

　　在大陸這些城市，計程車牌越炒越貴，是車子的數倍價格，並且是「永遠」的有效期，車輛報廢了，牌照繼續掛下一輛計程車，「鐵打的牌照流水的車」。當初廉價買來的一張車牌，如今已漲價十幾倍、幾十倍，車主們萬萬不會想到，買牌照居然成了一項超高回報率的投資！

　　這方面，臺灣經驗值得大陸借鑑。臺灣計程車司機不僅可免費取得車牌，而且「牌隨人走」，司機到齡（現規定68歲）退休了，車牌就得移轉給別人。車牌不為一人永遠占有，為後來者創造了平等的競爭環境，並避免了司機被車主嚴苛剝削。

　　當大陸計程車牌成為稀有資源，司機收入中的相當部分就會被車主占有，造成司機收入低，為了不使司機收入更低，政府必然嚴格控制車牌，這又導致計程車數量遠遠跟不上民眾需求，造成民眾搭車難，特別在上下班高峰期，往往等老半天也難見一輛空車。

　　所以，政府管制的最大原則，是既要讓乘客方便，也要讓司機賺錢。管制的最壞結果是司機沒賺到錢，乘客搭車不方便，不事勞作的車主們，卻坐收滾滾財源！

國家圖書館出版品預行編目（CIP）資料

臺海財經風雲：大陸駐台記者對台灣經濟及社會現況的第一手觀察報告 / 蘭文著 . -- 第一版 . -- 臺北市：崧博出版：崧燁文化發行, 2019.02
　　面；　公分
POD 版
ISBN 978-957-735-700-7(平裝)

1. 臺灣經濟 2. 經濟發展

552.33　　　　　　　　　　　　　　　　108002149

書　　　名：臺海財經風雲：大陸駐臺記者對台灣經濟及社會現況的第一手觀察報告
作　　　者：蘭文 著
發 行 人：黃振庭
出 版 者：崧博出版事業有限公司
發 行 者：崧燁文化事業有限公司
E - m a i l：sonbookservice@gmail.com
粉 絲 頁：　　　　網 址：
地　　　址：台北市中正區重慶南路一段六十一號八樓 815 室
8F.-815, No.61, Sec. 1, Chongqing S. Rd., Zhongzheng Dist., Taipei City 100, Taiwan (R.O.C.)
電　　　話：(02)2370-3310 傳　真：(02) 2370-3210
總 經 銷：紅螞蟻圖書有限公司
地　　　址：台北市內湖區舊宗路二段 121 巷 19 號
電　　　話：02-2795-3656 傳真 :02-2795-4100　　網址：
印　　　刷：京峯彩色印刷有限公司（京峰數位）
　　本書版權為九州出版社所有授權崧博出版事業股份有限公司獨家發行電子書及繁體書繁體字版。若有其他相關權利及授權需求請與本公司聯繫。

定　　　價：400 元
發行日期：2019 年 02 月第一版
◎ 本書以 POD 印製發行